gabriel gellon

el huevo y la gallina

manual de instrucciones para construir un animal

siglo veintiuno editores

grupo editorial
siglo veintiuno

siglo xxi editores, méxico
CERRO DEL AGUA 248, ROMERO DE TERREROS
04310 MÉXICO, DF

siglo xxi editores, argentina
GUATEMALA 4824, C 1425 BUP,
BUENOS AIRES, ARGENTINA

salto de página
ALMAGRO 38, 28010,
MADRID, ESPAÑA

biblioteca nueva
ALMAGRO 38, 28010,
MADRID, ESPAÑA

anthropos
DIPUTACIÓN 266,BAJOS
BARCELONA, 08007 ESPAÑA

Gellon, Gabriel
El huevo y la gallina: Manual de instrucciones para construir un animal.- 1ª ed. 4ª reimp.- Buenos Aires: Siglo Veintiuno Editores, 2012
128 p.; 19x14 cm. (Ciencia que ladra... / dirigida por Diego Golombek)

ISBN 978-987-1107-70-0

1. Clonación. II. Título
CDD 660.65

Diseño de portada: Claudio Puglia

ISBN: 978-987-1107-70-0

Impreso en: Artes Gráficas Delsur // Alte. Solier 2450, Avellaneda
en el mes de febrero de 2012

Hecho el depósito que marca la ley 11.723
Impreso en Argentina // Made in Argentina

ESTE LIBRO
(y esta colección)

"La gallina es la forma que tiene el huevo para hacer otro huevo", supo decir Samuel Butler. Y es una explicación tan buena como cualquier otra o, al menos, es una respuesta posible a uno de los mayores desafíos de la biología moderna. Porque pese a los enormes avances en biología molecular y en la traducción de esa maraña que es el genoma humano, hay dos cuestiones fundamentales para las que recién estamos vislumbrando las preguntas (que para las respuestas, ya habrá tiempo): cómo funciona el cerebro y, sobre todo, cómo a partir de una célula de mamá y una de papá, se llega a un embrión y a un bebé sapo, bebé gallina, bebé lombriz o bebé humano.

Las preguntas son fascinantes: ¿cómo a partir de una única célula se llega a un organismo entero, con partes y funciones tan diferentes entre sí? ¿Cómo "sabe" un embrión qué genes tiene que encender o apagar a lo largo de su desarrollo? ¿Por qué tenemos la cabeza en la cabeza y la cola en la cola, y no al revés? En este libro lleno de éstas y otras preguntas maravillosas, Gabriel Gellon nos lleva a través de las posibles respuestas, como un guía con el que recorremos la historia de las ideas y los experimentos de la biología del desarrollo. Así, nos sorprendemos junto con Aristóteles al mirar lo que pasa dentro de los huevos, exploramos el manual de instrucciones que llevamos dentro y nos emocionamos al entender cómo se va formando una mosquita pequeña, tan dulce ella.

Y si algún lector se desilusiona frente a la ausencia de cigüeñas o repollos, tendrá muchas más historias maravillosas (y reales) con las que asombrarse y quedarse pensando en todo lo que pasó desde que éramos un proyecto en la cabeza de un par de jóvenes enamorados hasta ser el hombre que lee estas líneas.

Esta colección de divulgación científica está escrita por científicos que creen que ya es hora de asomar la cabeza por fuera del laboratorio y contar las maravillas, grandezas y miserias de la profesión. Porque de eso se trata: de contar, de compartir un saber que, si sigue encerrado, puede volverse inútil.

Ciencia que ladra... no muerde, sólo da señales de que cabalga.

Diego Golombek

Dedico este trabajo a mis padres, mi hermana
y mi hijo, con quienes comparto buena parte
de mi manual de instrucciones.

Acerca del autor

Gabriel Gellon gellon@hotmail.com

Nació en Buenos Aires en 1965. Es licenciado en Ciencias Biológicas (UBA), Master in Science y Doctor (PhD) de la Universidad de Yale (New Haven, CT, USA) en 1997; realizó su trabajo de investigación en el área de la genética del desarrollo embrionario. Su contribución al campo de la biología es el resultado de una exhaustiva búsqueda de genes que participan en la diferenciación de las regiones anatómicas de animales (por ejemplo, qué distingue la cabeza del tórax en el nivel genético) y específicamente de la cabeza de la mosca de la fruta, uno de los animales mejor estudiados en el campo de la genética. Posee una extensa experiencia docente en los niveles secundario y universitario, y ha participado en diversas actividades de divulgación científica así como en la creación de diversos proyectos de educación científica no formal (museos participativos, talleres de ciencia, portales de Internet y campamentos).

Índice

Introducción*

Daniel entró en la sala de profesores con una sonrisa extraña. Después de unos minutos de charla intrascendente me reveló lo que traía en su bolso como si fuera una travesura. "Mira", dijo, mientras me extendía las ecografías borrosas de un ser humano en formación. Nos abrazamos y lo felicité, y luego nos quedamos como tontos mirando las ecografías sobre la mesa. "Qué increíble", era lo único que atinábamos a decir. No era sólo la emoción intensa de que iba a ser padre, sino también el asombro y la perplejidad ante algo mágico, misterioso.

Es que hay ciertos hechos o cosas que nos llenan de preguntas apenas los vemos. Las estrellas, el tiempo, los sueños, son todas extrañas experiencias que nos inducen a discutir e imaginar. ¿Por qué soñamos? ¿Qué son las estrellas, hay seres vivos en otros planetas? ¿Qué fuerzas dan forma al embrión que vemos en una ecografía? Nos maravillamos al ver que un bebé tiene pequeñas uñas y diminutas pestañas; ¿cómo surgieron? ¿Cómo es posible que cada cosa esté en su lugar y proporción? ¿Acaso somos de arcilla y algo nos moldea a imagen y semejanza de nuestros padres? Estas preguntas son fundamen-

* Agradezco la ayuda en diversas etapas y versiones de este libro (en discusiones, correcciones, logística, comentarios sobre las figuras y apoyo moral) a Akiko Tagawa, Alexey Veraksa, Pablo Pomposiello, Vero Ehrlich y Gus Dziewczapolski, Elsa Feher, los lectores, Diego Golombek y Emily Maxon. Kate Harding y Bill McGinnis me enseñaron el sutil arte de "abrir los huevos".

tales porque todos nos las hacemos. Al tratar de contestarlas, los científicos con frecuencia tropiezan con descubrimientos de gran utilidad, como nuevas drogas y tecnologías que cambian nuestras vidas, pero también es importante encontrar las respuestas porque saciarán una sed primaria y antigua de saber cosas.

Es posible que la curiosidad y la sensación de maravilla que nos dominaban a mí y a Daniel esa mañana fueran lan misman que sintió Aristóteles más de 300 años antes de Cristo. El filósofo macedonio parece haber tenido una gigantesca, hirviente curiosidad por el mundo que lo rodeaba, como queda de manifiesto en la enorme cantidad de cosas sobre las que escribió. Para saber cómo era que los animales se formaban, Aristóteles procedió de manera sencilla y racional: tomó huevos de gallina y los abrió a intervalos crecientes después de haber sido puestos por la mamá gallina. En los huevos jóvenes no vio nada más que la sustancia aparentemente homogénea del huevo. Sólo en aquellos huevos de cuatro días de existencia podía verse un diminuto embrión, donde se distinguía un corazón palpitante, pero no mucho más. En huevos aún más viejos podía apreciarse la cabeza con sus grandes ojos. Una primera conclusión de estas observaciones es que las estructuras del cuerpo aparecen de a poco, sucesivamente. Al principio son simples y rudimentarias, y se complejizan con el tiempo. Esto no es ninguna sorpresa hoy en día, cuando gracias a las técnicas de imágenes prenatales, el álbum de fotos de nuestros hijos comienza con una ecografía donde apenas acaban de formarse los dedos y los neonatólogos nos dicen día a día cuáles órganos están terminados y listos para la acción. Sin embargo, uno podría sorprenderse de saber que siglos después de Aristóteles aún había científicos que sostenían que todos los animales existen de manera minúscula pero perfecta dentro de las partículas de semen y sólo necesitan aumentar de tamaño para nacer.

Las observaciones de Aristóteles, y las de hordas de curiosos que las repitieron, mejoraron y profundizaron durante la Edad Media, nos llenan de más curiosidad y nuevas preguntas.

Por ejemplo, estamos hechos de muchos tejidos de diversas naturalezas: hueso, piel, pelo, músculo, tendón, grasa. Ninguna de estas cosas existe previamente en el huevo, sin embargo, aparecen "de la nada" en algún momento de la gestación. Tiene entonces que producirse un cambio, un importante cambio en la "sustancia" del embrión. ¿Qué gobierna ese cambio? ¿Cómo se produce, qué lo inicia, cómo se hace para que aparezcan varios tejidos diferentes? No sólo es importante que se dé ese cambio sino que suceda en el lugar adecuado: que no aparezca pelo en el lugar de los huesos, o sangre en lugar de piel. Cada tejido ocupa el sitio que le corresponde; ¿qué mecanismos controlan que la piel aparezca donde deba y no donde no debe, o cómo se unen músculo, hueso y tendón? ¿Por qué los ojos se forman en la cara y no en la panza? O incluso ¿cómo sabe el pelo de una cebra o un leopardo que debe ser negro en una parte y blanco (o pardo) en otra? ¿Qué leyes dictan el dibujo en el ala de una mariposa o el orden y el largo de los dedos de una mano?

¡Todas las preguntas que aparecen cuando se rompe un cascarón! Las respuestas debieron esperar siglos para siquiera empezar a soñar con ser esbozadas. Y todavía no se tiene una idea completa para muchas de ellas.

La intención de este libro es explorar de manera sencilla algunos de los descubrimientos de aquellos que han encontrado estas preguntas tan absorbentes y fascinantes, como Aristóteles, y que, como él, decidieron obtener las respuestas por sí mismos. Al principio llamaron a su ciencia *embriología*, pero hoy se le da el nombre más amplio de *biología del desarrollo*. Su estudio no sólo incluye los cambios en los embriones sino también los que ocurren después del nacimiento, como los asociados con el advenimiento de la pubertad (desarrollo de mamas, vello púbico, etc.) o las dramáticas transformaciones de un renacuajo en un sapo o una oruga en mariposa.

Vamos a partir de preguntas simples. Como con Aristóteles al abrir los huevos, veremos que en cada capítulo las explicaciones nos llevarán a formular nuevas preguntas, cada vez más complejas. Al tratar de responder éstas, nuevas cuestiones volverán a emerger. Comenzaremos entonces con dos preguntas, que son en realidad la formulación sintética de muchas de las otras que vimos más arriba.

¿Cómo es posible que tejidos diferentes surjan de la sustancia simple y homogénea del huevo?

¿Cómo es posible que cada cosa aparezca en el lugar que le corresponde y no en otro?

Este libro no dará una descripción detallada del proceso de desarrollo de los humanos ni de ninguna otra especie. Estas descripciones pueden encontrarse en textos especializados para una gran gama de seres, plantas y hongos incluidos; en el caso de los humanos, hay muchas publicaciones de divulgación que dan cuenta del progreso del embarazo y de qué sucede con el embrión y con el feto mes a mes y semana a semana. Lo interesante no será describir sino tratar de entender qué leyes nos dan forma. Tampoco podremos desenvolver el manual de instrucciones de manera tan prístina que uno pueda vislumbrar paso a paso la lógica del desarrollo del ser humano u otro bicho, simplemente porque tal conocimiento no está aún al alcance de la humanidad. De lo que sí se trata es de contar las historias de cómo fueron descubiertas ciertas reglas básicas del manual de instrucciones para construir un animal. En realidad, conociendo algunas de las estrategias básicas, uno puede imaginarse con más facilidad cómo otros sucesos, no descriptos o poco conocidos, podrían suceder. Para comprender la lógica bastarán algunos ejemplos clave. Como de ejemplos se trata, describiremos cosas que suceden en otros organismos mejor comprendidos que el ser humano. El sapo y las moscas tendrán roles protagónicos en esta historia, los humanos, papeles secundarios. Como el título sugiere, este libro estará concentrado en el desarrollo de animales, principalmente por una cuestión de espacio. Las mismas preguntas que discutiremos aquí pueden formularse para el caso de las plantas o aun de hongos y algunas bacterias. Los curiosos y estudiosos de los otros reinos sabrán disculparnos por no ocuparnos de ellos en detalle.

Capítulo 1

Viaje al interior de la célula y visita al país de las máquinas microscópicas

Estamos hechos de células

La descripción del proceso de desarrollo en el interior de un huevo (como la que hizo Aristóteles) fue un importante primer paso para entender cómo nos gestamos. Para contestar el siguiente nivel de preguntas hubieron de pasar unos dos mil años. Una de las razones es que los procesos fundamentales del desarrollo ocurren a una escala mucho más pequeña que la visual. Le tomó ese tiempo a la humanidad inventar el microscopio. No bien los primeros microscopios estuvieron a disposición de la ciencia, el inglés Robert Hooke los enfocó sobre cuanto pudo encontrar, desde hielo, arena y tela hasta madera, algas y bichos. El 15 de abril de 1663 miró con detenimiento un trozo de corcho, y contempló un material organizado en diminutas celdas o "pequeñas cajas". El corcho procede de la corteza de un árbol y es por lo tanto un material vegetal. Hooke y otros que lo siguieron observaron entonces otras muestras vegetales y encontraron que a escala microscópica todas ellas estaban compuestas de subunidades. ¿Sería posible que todas las plantas estuvieran armadas sobre la base de una unidad estructural pequeña y repetida?

Casi dos siglos más tarde Theodor Schwann se concentró esta vez en tejidos animales, que observó bajo el microscopio. No vio celdas o cajas, pero si el tejido era tratado apropiadamente, podía observar corpúsculos redondos espaciados más o menos regularmente. Pensó que cada uno de esos corpúsculos estaba en el centro de una "celda" como las que componen a las plantas, sólo que las paredes de la celda eran por alguna razón invisibles en el caso de los animales. Llamó a este corpúsculo el "núcleo celular". En 1839 Schwann hizo una generalización audaz y de profundo valor explicativo; propuso que todos los seres vivos están compuestos de unidades microscópicas repetidas, cada una con un núcleo. Llamó a esta unidad fundamental la "célula". Algunos organismos como las amebas y los paramecios son sólo una célula viviente, y otros, como los seres humanos y los robles, están construidos de miles a millones de células, unidas entre sí como si fueran ladrillos.

El examen microscópico de muestras vegetales y animales revela que los "tejidos" son conjuntos de células del mismo tipo o de tipo muy parecido. Por ejemplo, el tejido muscular está formado por células alargadas, capaces de contraerse. Los huesos están formados de células óseas, las cuales producen y segregan las sustancias que le dan dureza a nuestro esqueleto.

Muchas de las propiedades de los tejidos están dadas por las sustancias que las células segregan y depositan a su alrededor. Los cartílagos, por ejemplo, son conjuntos de células rodeadas de una sustancia elástica y resistente que ellas mismas producen. La parte más externa de la piel (la epidermis) es un tapizado de células de forma cúbica, unidas firmemente unas con otras para construir una barrera protectora contra el exterior (microscópicamente, parece el adoquinado de una calle antigua). La forma en que las células se unen unas con otras también es un determinante importante de las propiedades de los tejidos. En suma, cada tejido está caracterizado por un tipo de células. Cada tipo de célula es diferente en su estructura interna, forma y componentes químicos, resistencia mecánica, elasticidad, color y otras propiedades. Más tarde abordaremos el tema de qué y cómo las hace tan diferentes.

El comienzo de los comienzos: breve historia de la fecundación

Hoy en día nos dicen en la escuela y en nuestros hogares que la vida comienza con la unión del óvulo (de mamá) con el espermatozoide (de papá). Pero arribar a esta idea no ha sido tarea sencilla.

Desde tiempos milenarios se sabía que para iniciar la vida de un nuevo ser generalmente era necesario que un macho y una hembra de la especie se unieran sexualmente. No había que ser Aristóteles para notar este hecho. También era notorio que mientras algunos animales paren crías, otros ponen huevos con cáscaras duras. Los sapos y las ranas son un caso interesante. Sus huevos son transparentes y gelatinosos, y las hembras los depositan mientras el macho las aprieta en un fuerte abrazo nupcial. No hay penetración, y como en muchas especies acuáticas, la fecundación se produce en el agua. En 1784, el biólogo italiano Lazzaro Spallanzani realizó un experimento que bien podemos calificar de simpático: vistió con pantaloncitos a medida a una serie de ranas macho, e impidió así que su semen se esparciera en el agua. Obviamente, no hubo renacuajos en su piscina ese verano. Pero Spallanzani fue más allá: recogió las gotas de semen de los pantaloncitos y observó que al agregarlas a los huevos, éstos se desarrollaban en renacuajos. Concluyó que el huevo requiere contacto con el semen para ser fecundado.

Spallanzani también advirtió que una especie de surco aparecía invariablemente en aquellos huevos que habían sido fecundados (Figura 1.1). Estos surcos habían sido observados hacía varias décadas por otros investigadores y eran aún objeto de debate. Uno de los más grandes embriólogos del siglo XIX, el estonio Karl Ernst Von Baer, sugirió que los surcos eran manifestaciones del hecho de que el huevo estaba siendo dividido por fuerzas internas en varios compartimientos. Pero nadie tenía idea de qué podían ser esos compartimientos (ni esas fuerzas).

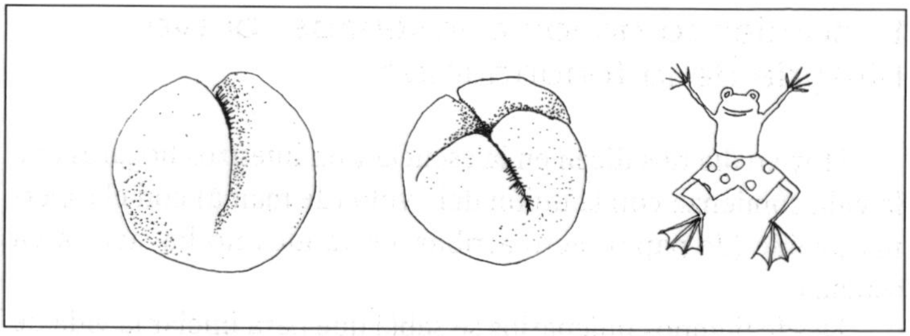

Figura 1.1
Dibujo esquemático de los surcos que aparecen en los huevos de anfibios luego de ser fecundados
(A) El primer surco progresa desde un polo del huevo fecundado y va dividiéndolo al medio. (B) Un segundo surco aparece poco después, perpendicular al primero. (C) El sapo de Spallanzani con sus pantaloncitos.

Cuando Schwann propuso que todos los organismos estamos compuestos de células y sus productos, finalmente empezó a resultar obvio que los compartimientos eran en realidad células. Resultaba cada vez más intrigante saber de dónde procedían las células que forman nuestros cuerpos. En 1873 Friedrich Schneider publicó la primera descripción del proceso de división celular y amplió las ideas de Schwann: no sólo todos los organismos están compuestos de células, sino que toda célula proviene de una célula preexistente por división celular. A este enunciado tan sencillo se lo conoce como Teoría Celular. Junto con la Genética y la Evolución, ésta es una de las ideas más poderosas de la biología y un hito en la historia del conocimiento humano.

La Teoría Celular sugería que todos provenimos de formas con menos células o de una única célula inicial. El huevo de rana, y por extensión el de todos los animales, parece ser una única célula, pues no tiene compartimientos visibles. Schwann mismo investigó esta cuestión y determinó que los huevos no están compuestos de células, sino que son, cada uno de ellos, una única célula gigante. Todos los huevos tienen un núcleo celular y también una cobertura especial que los protege físicamente (esta cubierta es relativamente blanda y no debe confundirse con la cáscara de los huevos de aves y reptiles). Algunos huevos tienen además otras estructuras fabricadas por los tejidos maternos, que son depositadas antes o después de la fertilización. Los huevos de rana, por ejemplo, están rodeados de una sustancia gelatinosa que los une unos con otros en largas tiras o conjuntos. Las aves agregan a sus huevos una sustancia transparente que le sirve de alimento al organismo en desarrollo (la clara del huevo) y también una cáscara dura para protegerlos de golpes y de la desecación. La yema amarilla del huevo de gallina, por ejemplo, es una célula con un único núcleo en su interior. Es, por lo tanto, el huevo propiamente dicho: la clara y la cáscara con aditivos que la mamá gallina incorpora después de la fecundación.

La observación microscópica también reveló que el semen de los machos contiene innumerables y minúsculos "espermatozoides" que nadan sin cesar impulsados por unas "colas" serpenteantes. Pronto se determinó que los espermatozoides son también, cada uno de ellos, una única célula, con un único núcleo.

Tanto el huevo como los espermatozoides son producidos por hembras y machos respectivamente por división celular de células preexistentes, de acuerdo con la Teoría Celular.

En 1854 el inglés Newport repitió el experimento de Spallanzani de fertilización asistida de huevos de rana, pero esta vez bajo el microscopio, y pudo observar cómo un espermatozoide y el huevo se unían. Más tarde se descubrió que el núcleo del huevo y el núcleo del espermatozoide se unen para formar un solo núcleo. Es decir que dos células se unen para formar una nueva célula. O, en otras palabras, el huevo fecundado es muy distinto del huevo sin fecundar; es de hecho una nueva célula. A esta nueva célula se le da el nombre de cigoto. El cigoto, tal como Spallanzani y otros habían observado, es dividido rápidamente en más y más células. Esto es el comienzo del desarrollo que culminará en el organismo completo. Una vez que se produce la primera división celular, ya no hablamos más de cigoto, sino que llamamos al conjunto de células un "embrión". El estado embrionario continúa hasta el momento en que el organismo "nace" (es decir, puede tener una vida independiente fuera de su madre o las cubiertas del huevo). A veces compramos un huevo en el supermercado que ha sido fecundado y tiene un embrión de pollo en su interior. De acuerdo con nuestra terminología, lo que compramos no es un "huevo", sino un embrión dentro de una cáscara.

¿Cómo encaja esta idea con animales que no ponen huevos, como los seres humanos y casi todos los demás mamíferos? La Teoría Celular, si es de empleo general, sugiere que existe una primera célula humana o cigoto, y que esta célula debe ser el fruto de la unión de un espermatozoide con un huevo, a pesar de que el huevo nunca sale de dentro de la madre. El huevo humano fue descubierto por Von Baer en 1834. Nosotros le decimos "óvulo" pero en realidad no es esencialmente distinto de otros huevos. Es verdad, no tiene cáscara, ni "clara" como los del almacén; de hecho, el óvulo es muy pequeño (tan sólo medio milímetro de diámetro), pero tiene su núcleo celular y su cubierta como todos los otros huevos conocidos.

Reformulando las preguntas

Podemos decir entonces que estamos constituidos por células y sus productos. Por división celular producimos el óvulo y los espermatozoides, que son células. Éstos se fusionan para producir otra célula, el cigoto, el cual se divide numerosas veces para formar otro individuo compuesto de células.

Aristóteles había observado los cambios de manera macroscópica más de dos mil años antes; luego de las observaciones del siglo XIX se comprendía que los tejidos no eran una "sustancia" que surge del jugo homogéneo del huevo, sino conjuntos de células diferentes fruto de la división de una célula inicial. Por supuesto que numerosos biólogos se abalanzaron a observar y describir las primeras divisiones celulares de variedad de embriones: sapos, erizos de mar, gusanos. Pero todavía quedaban infinidad de preguntas por responder. Estas preguntas pueden expresarse como la reformulación de nuestras preguntas originales en lenguaje celular:

¿Cómo es posible que a partir de una única célula, aparentemente homogénea y sencilla, y mediante divisiones celulares, se produzcan células distintas, especializadas, con propiedades específicas, que componen tejidos tan disímiles como la sangre y los huesos?

¿Cómo es posible que cada célula o conjunto de células ocupe el lugar que le corresponde en la anatomía del organismo; cómo lo saben, qué señales las guían?

Un mundo de divisiones

No hay problema en imaginarse ese momento inicial en el cual el huevo, en supremo emprendimiento, se divide en dos células hijas. También podemos imaginarnos el segundo *round*, donde cada célula hija vuelve a dividirse y obtenemos un embrión de cuatro células. Pero si seguimos así, nuestra imaginación no nos conduce necesariamente a un niño de pecho o a una larva de langostino. Si las divisiones proceden desordenadamente, lo que obtendremos será algo así como una bola gigante de células interconectadas. La mayor parte de los animales pasan por una etapa de "bola" durante su desarrollo, pero generalmente, cuando sobrepasan las 32 o 64 células, el embrión empieza a adquirir alguna otra forma.

¿Cómo se apartan los embriones del camino que conduce a la horripilante bola? No existe una forma, sino que numerosos mecanismos contribuyen, y si bien cada uno por separado no parece muy importante, es el uso de variedad de rutas lo que conduce al resultado que observamos.

Una de las maneras básicas consiste en el control del plano de división. La Figura 1.2 ayudará a entenderlo. Imaginemos un embrión de dos células, las cuales están a punto de dividirse de nuevo. Si los planos de las nuevas divisiones son paralelos al primero, obtendremos una hilera de cuatro células, mientras que si los nuevos planos de división son perpendiculares al primero, obtendremos una bola divida en cuatro gajos como una naranja. Durante el desarrollo del embrión de una rana, por ejemplo, los planos de división son al principio tales que no se producen capas de células en profundidad y el resultado es una esfera hueca. Para generar una esfera llena, habría que dividir las células en ciertos otros planos, pero por algún mecanismo éstos están vedados. Las células "saben" en qué planos deben realizar sus divisiones.

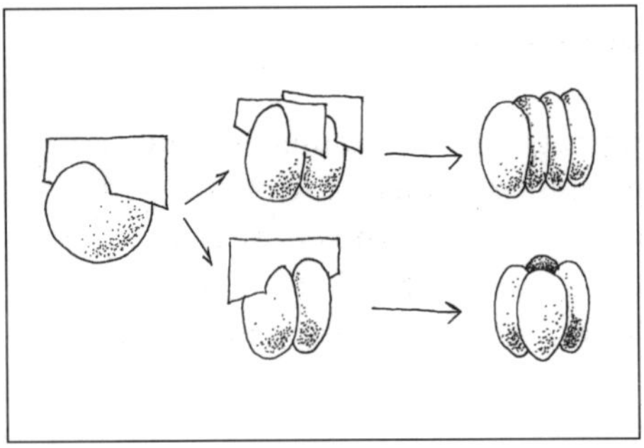

Figura 1.2
Los planos de división celular contribuyen a dar forma a embriones y estructuras en desarrollo
El plano de la segunda división celular puede ocurrir en la misma orientación que el plano de la primera división, o perpendicular a éste. Los resultados son conformaciones de células distintas.

Una vez que el embrión consta de muchas más células (cuando ha alcanzado el estadio de esfera hueca, por ejemplo), otros mecanismos están a disponibilidad de estas células para darle forma al conjunto. Uno de ellos consiste en que en ciertas zonas localizadas del embrión, conjuntos de células comienzan a "caminar" por encima de otros, de manera que toda una capa de células cubre a otra o se mete debajo de otra generando pliegues en la superficie del embrión (Figura 1.3).

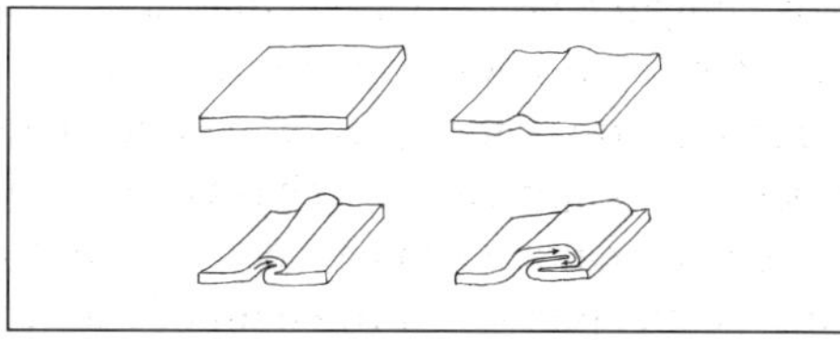

Figura 1.3
Caminata de un conjunto de células sobre otra
El resultado es un pliegue.

Otro modo de cambiar la forma del organismo en desarrollo es mediante la *proliferación diferencial.* Esto sencillamente quiere decir que en ciertos lugares las células pueden detener el proceso de división, mientras éste prosigue en otras zonas, o que las divisiones ocurren mucho más rápido en ciertas zonas con respecto a otras. El resultado será entonces que la zona donde se produjo división crecerá mucho más que la otra. Los miembros de los vertebrados, brazos y piernas, crecen a lo largo por medio de una desenfrenada tasa de división celular en el lugar correspondiente (Figura 1.4). Para que el desarrollo ocurra de manera normal, es muy importante que la tasa de división celular disminuya en ciertos lugares y momentos. Una de las características de las células cancerosas es su enorme y desenfrenada capacidad de dividirse donde y cuando no corresponde, formando "bolas de células", es decir, tumores. En algún sentido, las células cancerosas se parecen a las células de un embrión muy al comienzo del desarrollo.

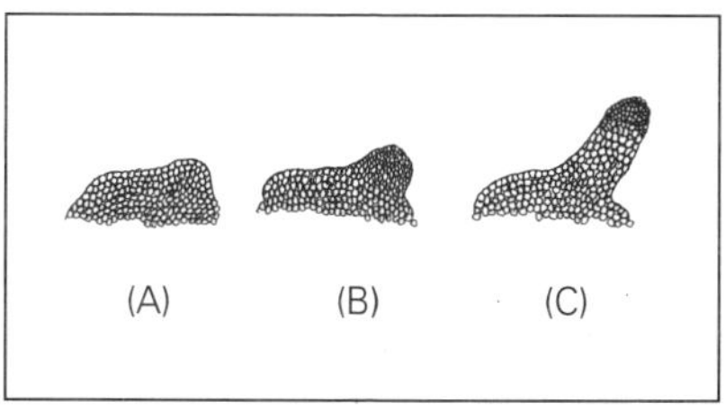

Figura 1.4
Proliferación celular diferencial
(A) Una masa de células bastante amorfa. (B) En uno de los extremos de la masa, las células comienzan a dividirse frenéticamente. (C) La división celular incrementada en una zona conduce al crecimiento de esa zona.

Otro mecanismo posible consiste en que un conjunto pequeño de células sufra un cambio en su forma; por ejemplo, la contracción de uno de sus lados (véase la Figura 1.5 A). Estos cambios obligan a las células vecinas, que están pegadas a las otras, a cambiar de posición. Este mecanismo es muy usado por los epitelios, que son tejidos planos, generalmente de una sola célula de espesor y compuestos de células cúbicas dispuestas como adoquines de una calle o azulejos de un cuarto de baño. Si algunas células de un epitelio contraen una de sus partes, pueden inducir la formación de huecos o gibas (Figura 1.5 B). Las células pueden también desasociarse de sus vecinas y estrechar contactos con otras células. De este modo, un pliegue como el que acabamos de describir puede dar lugar a un tubo. Cuando el tubo se cierra, como se muestra en la figura, tenemos dos conjuntos separados de células. Así es como se inicia la formación del sistema nervioso en los vertebrados, pero uno puede imaginar otras estructuras que aparecen del mismo modo.

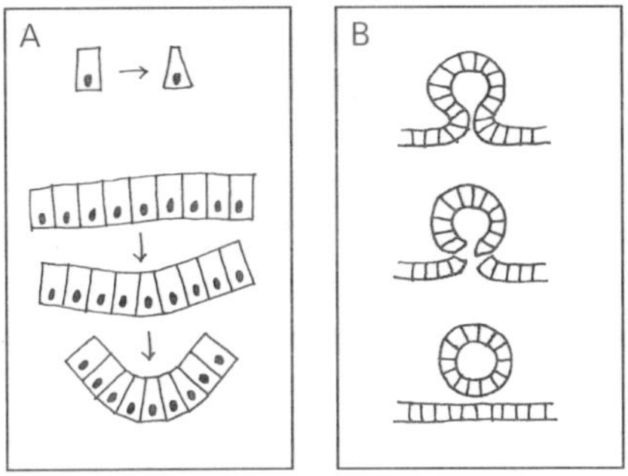

Figura 1.5
Un pequeño cambio en la forma de ciertas células puede conducir a un conjunto de células, a cambiar dramáticamente de forma
(A) El borde superior de una célula se contrae; cuando esto sucede con varias células vecinas, el conjunto cambia de forma.
(B) Formación de un tubo de células mediante pliegues.

Cuando una célula se disocia de sus vecinas no tiene por qué quedarse en su lugar. Muchas células son capaces de "migrar" por el organismo "reptando" como amebas de un lugar a otro. Migraciones masivas pueden entonces reacomodar poblaciones completas de células y cambiar drásticamente la forma del embrión. Algunas células de la piel, por ejemplo, se originan durante el desarrollo embrionario cerca de la columna vertebral y luego migran. De nuevo, es importante que estos sucesos no ocurran donde o cuando no deben, algo que se comprueba en las células cancerosas, que tienen el poder de desprenderse de su lugar de origen, migrar por el cuerpo y comenzar a dividirse en otras localizaciones, un proceso sumamente destructivo para el organismo que recibe el nombre de "metástasis". Estos ejemplos ilustran dramáticamente cuán importante es que los procesos del desarrollo se produzcan de manera coordinada.

Aun otra manera de generar forma en el organismo en desarrollo es mediante la muerte celular localizada. Nuestras manos comienzan su existencia en forma basta, grosera, como una paleta sin diferenciación de dedos; más adelante las células de las regiones entre un dedo y otro mueren y dejan el espacio vacío, y esculpen de esa forma la mano final (Figura 1.6).

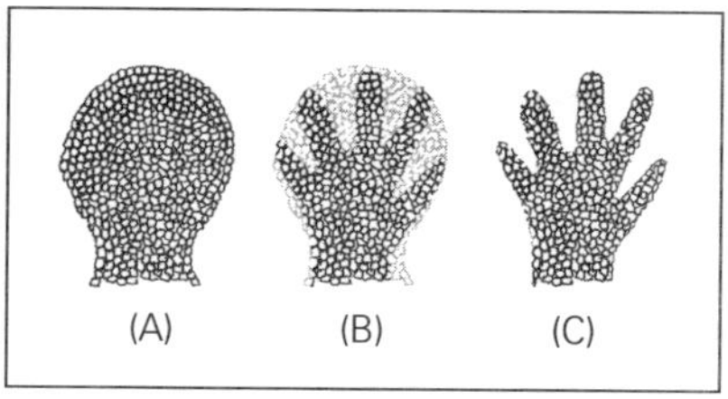

Figura 1.6
Muerte celular diferencial
(A) Nuestras manos comienzan su existencia en forma de una paleta de células. (B) Algunas células mueren y otras no. (C) Como consecuencia de la muerte celular diferencial en la zona "entre dedos", los dedos "aparecen".

En cada uno de estos casos vimos que un factor clave para la obtención de forma es que ciertos fenómenos ocurran en algunas células *pero no en otras*. Por ejemplo: unas células se dividen desenfrenadamente, pero no otras; unas células mueren, sus vecinas siguen viviendo; unas células contraen uno de sus lados, otras no cambian su forma; unas células se dividen en ciertos planos, y otras, en otros. Es decir que no sólo existen distintos tipos de células que forman tejidos distinguibles mediante la simple observación al microscopio (células con distintos colores, formas, tamaños), sino que las células pueden distinguirse en cuanto a su comportamiento celular. La muerte, división, movimiento, contracción, asociación con sus vecinas, plano de división, son todos aspectos del comportamiento celular. Aunque dos células nos parezcan iguales bajo el microscopio, pueden comportarse de forma diferente. Algo, por lo tanto, tiene que hacerlas diferentes. Y tiene que hacerlas diferentes en el momento y el lugar adecuados.

Todos estos mecanismos dan una idea de cómo es posible que el incremento en la cantidad de células no culmine en una bola multicelular sino en algo con forma, tanto externa como interna. Todos los procesos que dan forma a un embrión u organismo en desarrollo se denominan, técnicamente, procesos *morfogenéticos* (es decir, generadores de forma). Pero la morfogénesis –la adquisición de forma– no lo es todo. Además de tener una determinada morfología en el espacio, los organismos tenemos, como lo mencionamos antes, variados tejidos con propiedades específicas. Si durante el desarrollo se obtuviera sólo la forma sin que aparecieran distintos tejidos, terminaríamos siendo algo así como una blanda escultura celular, nuestra piel y labios, ojos de la misma consistencia, y más aún: no tendríamos sangre ni nuestros músculos podrían contraerse. No seríamos mucho más que una bola de células. En conclusión, una cosa es la forma y otra la estructura.

Diferenciación

Al principio del desarrollo las células son más o menos iguales y su tarea no es más que dividirse y permanecer unidas unas con otras. Pero con el tiempo empiezan a aparecer diferencias y finalmente en cada tejido obtenemos células altamente especializadas que llevan adelante funciones específicas, tienen formas, tamaños, colores diferentes, y producen y segregan sustancias características. Dijimos que los tejidos son precisamente conjuntos de células estructuralmente idénticas o muy parecidas, generalmente agrupadas. Aun dentro de un mismo tipo de tejido existen subtipos: el epitelio de la boca, el de la piel o el de los pulmones son diferentes. Es decir que el proceso por el cual "la sustancia de los tejidos aparece a partir del jugo homogéneo del huevo" es en realidad la aparición de conjuntos de células con propiedades obviamente diferentes. Este proceso por el cual las células adquieren sus características particulares fue denominado "diferenciación". En otras palabras, la diferenciación en algún sentido *es* la aparición de los tejidos y, por supuesto, es uno de los temas principales de la ciencia del desarrollo. Entonces, puede verse que nuestra pregunta original:

¿Cómo es posible que a partir de una única célula, aparentemente homogénea y sencilla, y mediante divisiones celulares, se produzcan células distintas, especializadas, con propiedades específicas, que componen tejidos tan disímiles como la sangre y los huesos?

puede reescribirse sintéticamente como:

¿Cuál es el mecanismo de la diferenciación celular?

Para entender cómo ocurre, es necesario entender primero en qué consisten las diferencias entre un tipo celular y otro.

Las células son pequeñas máquinas que funcionan gracias a máquinas más diminutas aún

Dicho crudamente, cada tipo celular es lo que es por las sustancias que lo componen. Esto es un poco tramposo, porque las células difieren, como lo dijimos antes, en tamaño, forma, tipo de asociación que establecen con sus vecinas, y sustancias que producen y liberan al exterior. Pero lo expresado es igualmente válido si aceptamos que todas estas propiedades dependen en última instancia de qué tipo de sustancias hay en el interior de la célula. Los biólogos están convencidos de que éste es el caso.

Es obvio que el color de una célula dependerá de su contenido. Las células en el interior de la hoja de un árbol son verdes porque contienen cantidades industriales de clorofila, una sustancia verde. El color de la sangre se debe a que la mayor parte de las células sanguíneas son glóbulos rojos, células que bien podrían describirse como bolsas repletas de hemoglobina, una proteína de color rojo.

El tipo de asociación que las células establecen con sus vecinas depende de una serie de sustancias complejas. Unas son como grampas o elementos de anclaje, otras funcionan como adhesivos, otras como poros para comunicar unas células con otras o con el exterior.

Dentro de la célula existen infinidad de partes que cumplen distintas funciones. Hay fábricas de sustancias, motores que mueven cosas de una punta de la célula a la otra, cables y barras rígidas que mantienen la forma de la célula, entrecruzándose como un alambre tejido. También hay plantas de poder que producen la energía que la célula necesita para hacer todo lo demás, antenas en la superficie de la membrana que perciben las condiciones del exterior y transmiten la información al núcleo celular mediante sistemas de comunicación internos. Poseen sustancias que, como centinelas, patrullan el lugar donde los genes guardan la información de todas las instrucciones y reparan los genes cuando éstos se dañan; y compuertas en la membrana celular que se cierran y abren, y dejan pasar determinadas sustancias e impiden el acceso o la fuga de otras. Hay cápsulas de digestión donde los alimentos o los invasores pueden ser digeridos mediante sustancias corrosivas, así como sistemas de exportación masiva de sustancias que compondrán el medio extracelular. Existe una maquinaria complejísima para poder dividir cada célula en dos y repartir el material genético en las dos células hijas.

Y cada parte debe saber cómo; cuándo, dónde y cuánto actuar. Existen por lo tanto también sistemas de comunicación y regulación que ajustan la función de cada parte a las de las demás y a las condiciones reinantes afuera y adentro de la célula.

La forma de la célula dependerá del cableado y andamiaje en su interior, de cómo percibe el exterior, del funcionamiento de sus sistemas de comunicación. Todas las máquinas diminutas que describimos son sustancias, producidas, elaboradas, ensambladas y mantenidas por otras sustancias dentro de la célula.

Las máquinas diminutas son proteínas

Podemos comparar una célula con una fábrica. Tanto en el caso de la célula como en el de una fábrica existe una variedad de materiales; en la fábrica, remaches, madera, planchas de metal, pintura, papel; en la célula los materiales son las sustancias básicas que nos componen, esas con las que los dietólogos nos torturan a diario: azúcares, grasas, proteínas, vitaminas y otras menos conocidas. La célula está en un constante proceso de creación y destrucción de distintas estructuras compuestas de estos materiales, cambiándolas de lugar o de conformación. Las grasas, por ejemplo, son los constituyentes principales de la *membrana celular*, una delgada estructura que delimita todas las células y las separa del exterior celular. Los azúcares son fuente de energía pero también constituyen las paredes rígidas de las células vegetales y de la armadura de los insectos, y son parte esencial de los mocos y de muchas de nuestras secreciones. Las vitaminas son clave para que los procesos internos de la célula ocurran, algo así como los destornilladores, martillos y tenazas celulares. En cuanto a las proteínas... las proteínas son las más versátiles, mágicas e importantes de todas las sustancias.

Además de materiales, en una fábrica existen "ejecutores", agentes que hacen las cosas. Los ejecutores de una fábrica pueden ser obreros, capataces, gerentes o máquinas como robots o computadoras. En una célula, los ejecutores son siempre las proteínas. Si bien todos los ejecutores son proteínas, no todas las proteínas son ejecutores; algunas son materiales, y otras ejecutores y materiales al mismo tiempo.

El cableado y andamiaje que mantienen y determinan la forma de la célula están constituidos por proteínas. Los sistemas de comunicación entre una célula y otra, o los adhesivos que mantienen a las células unidas, también son proteínas. Las compuertas en la membrana celular están hechas de proteínas también. Las compuertas son en algún sentido también ejecutores, pues se abren y cierran discrecionalmente, y dejan pasar sólo ciertas sustancias y retienen otras. Las proteínas además construyen y deshacen a todos los demás componentes de la célula. Existen proteínas específicas para el ensamblado y para la destrucción de cada una de las sustancias que encontramos en el interior de la célula.

Las proteínas son ensambladas a partir de sus materias primas (denominadas aminoácidos) en regiones especiales de la célula que actúan como "fábricas de proteínas". Estas fábricas reciben el nombre de "ribosomas". Pero a su vez estas ultraminifábricas son ensambladas por otras proteínas. En resumen, podemos decir que las proteínas construyen todo dentro de la célula, incluidas ellas mismas. *Esto quiere decir que la diferencia entre dos tipos celulares radica principalmente en qué clase de proteínas contienen en su interior; esto a su vez determinará todo lo demás.*

Por ejemplo, las células musculares contienen una serie de proteínas en forma de barras (como la actina y la miosina) que se deslizan unas sobre otras, y varían la longitud total del conjunto. Esta variación en longitud se traduce en la contracción del músculo. Los glóbulos rojos de la sangre deben su color a la proteína hemoglobina que transporta el oxígeno y el dióxido de carbono entre los pulmones y los demás tejidos. Las células epidérmicas de la piel contienen grandes cantidades de la proteína queratina, que otorga a este tejido su dureza (la queratina se acumula especialmente en pelos, uñas y escamas). Las células del tejido conectivo producen una proteína llamada colágeno que es muy flexible y otorga flexibilidad a dichos tejidos. Las células que forman los pelos o escamas de colores de ciertos animales contienen proteínas que "hacen" los pigmentos que resultan en el color que vemos en esos seres.

Por supuesto que hay ciertas proteínas que son comunes a casi todas las células, aquellas necesarias para llevar adelante los procesos básicos de la vida (todas las células respiran, por ejemplo); sin embargo, cuando vemos diferencias entre tipos celulares podemos estar seguros de que las responsables, en última instancia, son las proteínas.

Comportamiento celular

Como vimos anteriormente, las células no sólo se distinguen por su estructura y sus propiedades físicas sino también por su comportamiento. El plano de división celular, la frecuencia con que las divisiones celulares ocurren, la muerte celular, la capacidad de migrar o de cambiar de forma son todos aspectos del comportamiento celular. Estos aspectos de la biología de la célula también dependen de la acción de ejecutores proteicos.

Hay proteínas encargadas de establecer el plano de división, y de decidir cuándo se efectuará esta división. Hay proteínas que ejecutan un programa de autodestrucción que conduce a la muerte celular. Hay proteínas, parecidas a la maquinaria contráctil del músculo, que pueden contraer un lado de una célula, y cambian su forma. Las caminatas celulares son motorizadas por imponentes mutaciones de forma, por asociaciones entre células que se arman y desarman, y también por proteínas que guían los recorridos y determinan su inicio, rumbo y detención.

Existen numerosos laboratorios de investigación dedicados a identificar y estudiar las proteínas responsables de todos los procesos mencionados más arriba y de muchos otros que dejamos sin mencionar.

¿Entonces?

A lo largo de este capítulo hemos tomado visiones cada vez más microscópicas del proceso de desarrollo. Sabemos que estamos hechos de células, que éstas derivan de la división del huevo, y que con el tiempo las células se especializan o diferencian para dar el repertorio de tejidos adultos. Vimos que esa diferenciación se debe a la presencia de proteínas características en los distintos tipos celulares. De esta manera, podemos reformular nuestras dos preguntas iniciales en términos moleculares.

¿Por qué ciertas células acumulan ciertas proteínas y otras células, proteínas diferentes?

¿Cómo es posible que esto ocurra precisamente en los lugares y momentos adecuados? ¿Por qué no pasa que nuestras córneas acumulen miosina, o nuestra piel, hemoglobina?

Evidentemente deben existir finos mecanismos que controlen la puesta en escena de esta complicada seguidilla de fenómenos. En otras palabras, ¿dónde están las instrucciones?

Capítulo 2

¿Dónde está escrito el manual para construir una gallina?

Todo organismo, hasta el más simple o pequeño como una pulga, es una cosa compleja con partes distintas organizadas funcionalmente en relaciones precisas. De nada sirve tener un dedo en la espalda o pestañas en el riñón: la arquitectura de los dedos, las manos, brazos o torso es delicada y hasta cierto punto racional. En algún sentido los organismos vivientes somos máquinas, al igual que las células que nos componen, es decir, somos estructuras funcionales. Las máquinas construidas por los seres humanos tienen un diseño (que normalmente precede a su existencia) y se fabrican a partir de materias primas más sencillas siguiendo instrucciones. Estas instrucciones se transmiten de persona a persona en forma de planos, manuales, croquis o demostraciones. Uno podría preguntarse si existen instrucciones de alguna clase para construir un pollito o un ser humano, y de ser así cómo son y dónde están esos comandos.

Algunas reflexiones sobre el mundo natural nos sugieren que sí hay tales instrucciones. Por ejemplo, resulta difícil imaginar que un organismo pueda surgir de pronto por ensamblaje, al azar, de microscópicas partes sueltas. De hecho, Aristóteles y las ecografías nos aseguran que el proceso es paulatino y que los pasos se suceden siempre en el mismo orden, con una infalibilidad asombrosa. El que sean tan reproducibles, casi mágicamente, nos recuerda a una línea de ensamblaje de productos en serie.

Si tales instrucciones de verdad existen, entonces tendremos que aceptar una serie de ideas que surgen de la observación.

Primero. El "manual de instrucciones" para hacer un pollito debe ser depositado en el huevo antes de que éste abandone a la madre. Muchos huevos pierden contacto con los progenitores apenas dejan los tejidos maternos (como ocurre en miles de especies marinas), y en otros, como el de la gallina y demás aves, el huevo está separado del medio por una cáscara que impide que la madre "guíe" el desarrollo del embrión desde afuera.

En este sentido la construcción de un pollito difiere de la de un edificio. En este último, un arquitecto está constantemente vigilando la obra y dándoles instrucciones a los obreros, capataces y albañiles para que completen la construcción de manera adecuada. Si quisiéramos hacer una comparación más apta de un pollito y un edificio, deberíamos imaginar que el edificio es construido por un batallón de robots comandados por una computadora central (que no está comunicada con los arquitectos en el exterior de la obra); los diseñadores del edificio deben programar la computadora central para que ejecute la construcción del edificio de inicio a fin. El escenario que proponemos no es en realidad muy distinto del de una fábrica automatizada donde son robots los que ejecutan la construcción: es el caso de las fábricas de autos y otros objetos producidos en masa. El huevo de gallina debe entonces contener "programas" que brinden las instrucciones necesarias para construir un pollito. Esto implica que el manual de instrucciones debe caber dentro de una célula.

Segundo. Las instrucciones para hacer distintos organismos deben ser distintas. Esto parece tan obvio como decir que las recetas para hacer comidas diferentes deben ser diferentes. Sin embargo, hay algunas cosas que por su obviedad, a veces permitimos que dejen de maravillarnos. ¿Cómo es posible que un huevo de lagarto siempre se desarrolle para dar lugar a un lagarto, y uno de ornitorrinco, siempre un ornitorrinco? Esto casi equivale a preguntarse en qué difieren profundamente un animal del otro. Todos comienzan su existencia cuando un espermatozoide fecunda un óvulo. Si pudiéramos leer los manuales de instrucciones de un koala y una babosa, ¿veríamos las diferencias? La diversidad de los comandos de desarrollo debe ser monstruosa; pensemos que no sólo los animales se desarrollan: las plantas, los hongos y hasta algunas bacterias también lo hacen.

Tercero. Los manuales de instrucciones para hacer a cada persona deben ser distintos, pero los de las personas parecidas deben parecerse. Cada una de nuestras características físicas es el resultado de nuestro desarrollo. *Tengo la nariz de papá.* Bien, pero esa nariz surgió por crecimiento, dentro y fuera del útero, siguiendo ciertas instrucciones de desarrollo. Sería más correcto entonces decir que papá y yo nos desarrollamos de manera similar, y como consecuencia de nuestros desarrollos similares, tenemos narices parecidas. No es la nariz lo que compartimos, sino las instrucciones para hacerla. Los programas e instrucciones de desarrollo se pasan de generación en generación.

Cuarto. El manual de instrucciones de una persona (o animal) debe resultar de la combinación de las instrucciones usadas para construir a sus padres y madres. Cada uno de nosotros nos parecemos, en distinta medida, tanto a nuestros padres como a nuestras madres. Podré tener la nariz de papá, pero las cejas son definitivamente iguales a las de mamá. Esto quiere decir que el manual de instrucciones para construirnos a nosotros surge de alguna manera por combinación de las instrucciones que sirvieron para construir por un lado a nuestras madres y por otro a nuestros padres. La única manera razonable de que esas instrucciones lleguen a nosotros es que estén presentes en el óvulo y en el espermatozoide.

Quinto. El manual de instrucciones tiene que poder ser copiado. Si nuestro manual de instrucciones deriva de los de nuestros padres, entonces debe existir un proceso de copia. De esta manera, cada individuo introduce en los óvulos o espermatozoides que produce una copia de su manual de instrucciones. Si nuestros padres nos "entregaran" su manual de instrucciones sin haberlo copiado, no podrían tener otros hijos y dotarlos a ellos también del conjunto de instrucciones para su desarrollo. Esto sería absurdo e implica que el proceso de copia debe existir.

Las instrucciones son los genes

Si repasamos las características del manual de instrucciones esbozadas más arriba, veremos que cumplen con muchas de las propiedades que normalmente asociamos con los genes. 1) Los genes determinan en parte nuestras características físicas; 2) los heredamos de ambos progenitores por partes iguales; 3) nos hacen parecidos a nuestros parientes y diferentes de otros, incluidos los seres de otras especies.

Y así es: los genes pueden ser entendidos como el programa de construcción y mantenimiento que nos da nuestra forma y estructura. El desarrollo sigue pautas fijas porque los genes imponen un programa estricto de operaciones sobre la sustancia del huevo; el desarrollo es por lo tanto la ejecución de un plan o programa que está escrito en los genes y es pasado de generación en generación en los óvulos y los espermatozoides de distintos organismos.

En lo que sigue del libro, usaremos la palabra "gen" como sinónimo de "instrucción". El conjunto de todos los genes dentro de un organismo se denomina "genoma" (una palabra muy en boga). Pero el conjunto de todas las instrucciones es precisamente el manual de instrucciones. Consecuentemente, usaremos las expresiones "genoma" y "manual de instrucciones" como equivalentes.

Pero todo esto no hace sino proveernos de nuevas preguntas. ¿Qué son los genes, de qué están hechos, dónde se encuentran, cómo hacen para "ejecutar" las órdenes que tienen escritas?

El núcleo

En ciencia no sólo es importante formular preguntas interesantes, que despierten nuestra viva curiosidad; es también crucial plantear preguntas que puedan ser respondidas mediante la observación de la realidad y por experimentos factibles. A veces una pregunta debe ser desdoblada en varias preguntas más específicas y concretas para poder ir avanzando. Cómo controlan los genes el desarrollo es una cuestión fascinante, pero expresada de esa manera no nos dice qué experimentos debemos hacer. En cambio la pregunta: "¿qué parte de la célula, si existe alguna, controla el desarrollo?" es más específica y puede ser contestada. Su elucidación constituirá un avance, por pequeño que sea, hacia la respuesta de las preguntas más básicas.

Esta pregunta pudo ser contestada manipulando células gigantes (como, por ejemplo, unas algas marinas unicelulares que llegan a medir cinco centímetros y tienen formas complejas). No importa qué parte de la célula se ampute; en tanto y en cuanto contenga el núcleo intacto, la célula puede regenerar el resto de las partes. Éste y otros experimentos determinaron claramente que la información genética debe yacer dentro del núcleo celular.

Dolly (y cómo clonar a tu novio)

Si la información genética está en el núcleo, ¿significa esto acaso que los núcleos de cada una de nuestras células son distintos y contienen distintos genes? Las instrucciones para construir toda la gallina deben estar presentes en el núcleo del huevo fertilizado, incluyendo las instrucciones para generar todos los tipos celulares. ¿Es posible que ciertos genes se pierdan en algunos tipos celulares y otros genes se pierdan en otros tipos celulares a medida que el huevo se divide más y más?

Esta cuestión preocupó muchísimo a los biólogos de principios de siglo. Varios experimentos han mostrado más allá de toda duda razonable que los núcleos de todos o casi todos los tipos celulares son exactamente iguales. El más resonante de todos esos experimentos es sin duda la clonación de la oveja Dolly.

Dolly es una oveja genéticamente idéntica a otra oveja cuyo nombre lamentablemente ha escapado a la inmortalidad (aunque sus genes, pareciera que no). El experimento realizado en 1997 por el escocés Ian Wilmut consiste en primer lugar en tomar un óvulo de oveja y extraerle su propio núcleo. El óvulo ahora carece de información genética. En segundo lugar se toma una célula del cuerpo de una oveja adulta (Wilmut eligió una célula de la ubre, es decir, de la glándula mamaria; esta célula, es importante enfatizar, está diferenciada, es un tipo celular específico que produce proteínas específicas). El siguiente paso consiste en fusionar la célula mamaria con el huevo sin núcleo. El resultado es básicamente un huevo con un nuevo núcleo, derivado de la célula mamaria. A continuación se inserta el huevo con su nuevo núcleo en el vientre de una oveja "receptora". ¿Se desarrollará este "nuevo" huevo en una glándula mamaria gigante? Bueno, ya todos saben que la respuesta es no: el huevo desarrolla una oveja entera y completa sin aparentes diferencias con una oveja normal y ninguna propensión a convertirse en una glándula mamaria con patas. En otras palabras, aunque el núcleo de la célula mamaria estaba dedicado a comandar el mantenimiento de la estructura de esa pequeña célula, contenía el manual de instrucciones para construir una oveja entera. Ese manual de instrucciones era exactamente el mismo ("letra" por "letra") que el usado para construir la oveja de la cual se extrajo la célula mamaria, por lo que Dolly y la oveja donante son genéticamente iguales, es decir, clones.

Las consecuencias de este hallazgo son múltiples y múltiplemente publicitadas. Para nosotros lo importante es que cada una de nuestras células contiene en su núcleo toda la información necesaria para construir otro organismo completo. Aclaremos, no obstante, que este hecho era bien conocido por los científicos mucho antes de que Dolly (o más bien su "madre") fuera clonada.[1]

Genético o ambiental

Una de las preguntas más frecuentes sobre la clonación de animales (en especial si nos imaginamos que estos animales pueden ser humanos) es si un clon de una persona tendrá las mismas características físicas y especialmente si tendrá la misma personalidad que el ser original. La respuesta es sencilla: no. Esto es fácil de entender si pensamos que todos nosotros conocemos a alguien que es el clon de alguna otra persona: los hermanos gemelos son genéticamente idénticos y sin embargo tienen personalidades muchas veces marcadamente divergentes y hasta lucen diferente. Es sabido que las huellas digitales de gemelos idénticos son diferentes. Conozco dos hermanas gemelas una de las cuales es diestra, y la otra, zurda.

No todo lo que somos está determinado por el gobierno de nuestros núcleos celulares; por ejemplo, la masa muscular y el peso total está determinado principalmente por cuánto comemos y la cantidad y tipo de comida que ingerimos; la altura está influida por la dieta en la edad de crecimiento. Nuestros núcleos

[1] Lamentablemente, Dolly enfermó y debió ser sacrificada a principios de 2003. De cualquier manera, esto no invalida el hallazgo de que cualquier célula del organismo posee toda la información necesaria como para fabricar un animal entero.

celulares contienen las instrucciones para nuestra construcción, pero esas instrucciones son relativamente flexibles y su producto depende de cómo, dónde y cuándo son ejecutadas. Muchas veces las condiciones externas determinan qué tipo de instrucciones se ejecutarán y cuáles no. Tomemos por ejemplo las abejas. Dentro de una colmena hay obreras, zánganos y reinas (normalmente, sólo una). Las obreras y las reinas son diferentes en estructura anatómica y en comportamiento, pero son genéticamente equivalentes. El que una abeja se desarrolle como obrera o como reina depende exclusivamente de una dieta controlada por otras abejas. El programa genético de desarrollo responde a esas variables de la ingesta. Las plantas son aún más flexibles: la forma final que adoptan depende del sitio del que llega la luz o de qué partes del suelo están más húmedas. Su programa genético de desarrollo es tan flexible que es capaz de "percibir" las condiciones más favorables y crecer en la forma más adecuada para ese entorno.

Al pensar en el desarrollo hay que tener cuidado de recordar que si bien crecemos y nos formamos de acuerdo con un programa, este programa puede presentar flexibilidad respecto del medio, y que de hecho es dependiente de las condiciones externas. Incluso es posible que la ejecución del programa se produzca de manera errada a pesar de que las instrucciones estén intactas. La alimentación de la madre influye en cómo se ejecuta el programa de desarrollo, y sustancias como el alcohol y el tabaco pueden alterar ese programa desastrosamente.

Nadie ha tratado hasta la actualidad de clonar un ser humano. La técnica es difícil y frecuentemente fracasa en animales. Clonar plantas, por el contrario, es una actividad rutinaria. Basta con cortar un gajo y ponerlo en un lugar húmedo para que muchos vegetales produzcan copias genéticas de sí mismos. El truco es casi tan viejo como el pan.

ADN y parque jurásico

¿De qué están hechos los genes? Una forma de averiguarlo es mirando qué tipo de sustancias hay en el interior del núcleo. Este análisis químico sugirió varios candidatos, incluidos ARN y proteínas, nuestros ejecutores favoritos; pero también reveló la presencia de ADN, una sustancia que se encuentra casi con exclusividad en el núcleo celular.

¿Cómo puede demostrarse que las instrucciones genéticas están depositadas en el ADN? Una posibilidad consiste en tomar dos células distintas, extraer ADN de una de ellas e inyectarlo de alguna forma en la otra, y observar si se produce algún cambio en la segunda célula. Este tipo de experimento es posible. Fue logrado primero en bacterias. Las bacterias que reciben el nuevo ADN adquieren características de las bacterias dadoras, y esas características son hereditarias, es decir, sus genes están cambiados. En la actualidad es corriente extraer el ADN del núcleo de un organismo e introducirlo en otro. Ésta es la base de la idea para reconstruir dinosaurios en Hollywood, como en la película *Parque Jurásico* (en la que científicos obtienen ADN de dinosaurio preservado en los estómagos de mosquitos fósiles y lo incorporan luego a huevos de reptiles actuales).

Si bien es cierto que se ha podido extraer ADN de diversos fósiles, éste está demasiado fragmentado como para reconstruir toda la información de todos los genes de un dinosaurio. Además, como veremos más adelante, existen otros problemas que hacen que el proyecto de *Parque Jurásico* sea por el momento inviable.

Lo que sí es posible hacer es extraer el ADN de tejidos o células y aislar trocitos más pequeños, muchas veces el trocito que a uno le venga en gana. Veremos más adelante que aislar pequeños pedacitos de ADN es de enorme importancia para el estudio del desarrollo (y de prácticamente todas las ramas de la biología).

El manual y sus copias

La genética por un lado y el estudio de las células y de sus núcleos por otro revelaron algunos otros secretos de cómo es y cómo funciona el manual de instrucciones.

Al principio del capítulo razonamos que el manual de instrucciones de cada animal debe resultar de la combinación de los manuales de instrucciones de sus progenitores. ¿Pero cómo se realiza esta "combinación"? ¿Recibimos algunos genes de nuestros padres y otros de nuestras madres? Lo cierto es que recibimos una copia entera del manual de instrucciones de nuestras madres y otra copia entera de nuestros padres. Dentro de cada espermatozoide y de cada óvulo existen copias completas de los manuales de instrucciones de los progenitores. Esto quiere decir que cada uno de nosotros posee el manual de instrucciones por duplicado. Esto es de mucha utilidad en caso de que alguna instrucción esté fallada, porque todos tenemos una copia de repuesto.[2]

Cada vez que una célula se divide, las dos copias del manual de instrucciones tienen que ser divididas a su vez. La célula entonces realiza una nueva copia de cada una de las dos dotaciones de instrucciones y las divide por igual entre las células hijas. El ADN es una molécula muy especial porque tiene la capacidad de ser duplicada, generando copias, y copias de copias, y más y

[2] Dentro de cada núcleo, el ADN está guardado en estructuras con forma de bastones llamados "cromosomas". Cada cromosoma es una larga molécula de ADN enrollada alrededor de proteínas. Cada cromosoma contiene muchas instrucciones. El número de cromosomas en cada especie es fijo y característico. Por ejemplo, el ser humano tiene 46 cromosomas en cada una de sus células; 23 de estos cromosomas son aportados por el óvulo, y los otros 23, por el espermatozoide. La mosca de la fruta tiene cuatro pares de cromosomas. Por lo general, las células de los animales están programadas para operar con un doble juego de manuales de instrucciones y si hay cromosomas en exceso sobrevienen problemas. El síndrome de Down deviene del exceso de copias de ciertas instrucciones.

más copias. Nuestros manuales de instrucciones son la combinación de copias de partes de los manuales de instrucciones de nuestros progenitores. Y cada una de nuestras células tiene un manual de instrucciones que es copia del primer manual, aquel que surgió de la unión de óvulo y espermatozoide.

¡Eres mutante!

Copiar todo el manual de instrucciones no es tarea sencilla, y cada tanto la copia no es exacta. La mayor parte de los errores de copia son inocuos y tienen poca o ninguna consecuencia. Pero también es posible que el error de copia produzca una instrucción significativamente diferente de la original. Una vez que un error es introducido en el manual de instrucciones, el proceso de copia lo transmite a las demás células o (si el error es en las células que dan lugar a los espermatozoides y óvulos) de una generación a otra.

Los errores de copia reciben el nombre técnico de "mutaciones". Los seres o células que portan las copias diferentes son denominados "mutantes".

A través de los tiempos, todos los organismos acumulan errores de copia o mutaciones. Estos errores efectivamente incrementan la variedad de manuales de instrucciones que existen en la naturaleza. Es decir que con el tiempo aparecen más variedades de organismos. Las pequeñas variaciones en las instrucciones de nuestro desarrollo dan cuenta de nuestras diferencias individuales: el largo y forma de la nariz, color de los ojos, color de cabello y tantas otras características de alguna manera determinadas o influidas por nuestros genes. En algún sentido, todos somos "mutantes", porque somos genéticamente diferentes los unos de los otros, y estas diferencias, en algún momento, surgieron por mutación.

Sin embargo, la palabra mutante se reserva para aquellos individuos en los que un error de copia resulta en un cambio específico y reciente. Este cambio no tiene por qué ser negativo, pero a menudo lo es. El problema es que los errores de copia son por naturaleza aleatorios y no tienen nada que ver con las necesidades del individuo o de la especie. Imaginemos un libro, por ejemplo, *Ficciones*, de J. L. Borges. Ahora imaginemos que cada nuevo ejemplar de este libro se hace por copia de uno preexistente. ¿Cuál es la probabilidad de que un error de copia resulte en una mejora literaria del texto? Es fácil ver que la mayor parte de los errores resultarán en faltas de ortografía o de tipografía.[3] Supongamos que del texto de un manual de instrucciones para construir un teléfono, por error, desapareciera la palabra "cable". Este simple error puede conducir a que el resultado final sea un aparato completamente inútil.

A veces el manual de instrucciones sufre alteraciones no en todas las células de nuestro cuerpo, sino sólo en algunas. Cuando esto sucede las células afectadas ya no responden a las instrucciones originales, y adquieren comportamientos extraños, a veces peligrosos. Muchas formas de cáncer aparecen cuando una célula acumula ciertos errores en el manual de instrucciones y hace lo que no debe hacer (véase el Capítulo 1).[4]

El uso de las mutaciones

Un error en el manual de instrucciones nos revela algo sobre el manual y su lógica. Por ejemplo, el hecho de que existen varios colores de ojos, y que esos colores se hereden de manera sencilla, nos está diciendo que hay un factor en el control del color de los ojos. Ese factor puede ser estudiado en detalle. ¿Qué instrucción es? ¿Dónde está? ¿Cómo interactúa con otros genes? Los gene-

[3] Sin embargo, en el libro *Historia del cerco de Lisboa*, José Saramago imagina cómo un error mínimo de traducción es capaz de cambiar la historia.

[4] Véase también *El desafío del cangrejo*, de Daniel Alonso, en esta misma colección.

tistas normalmente producen mutaciones deliberadamente y buscan defectos específicos para poder luego aislar y estudiar los genes particulares. Si alguien estudia el aparato digestivo, por ejemplo, puede buscar mutantes en los cuales el aparato digestivo esté malformado o funcione en forma anormal. En el Capítulo 7 veremos en detalle cómo se realiza esta búsqueda de genes.

Genes y proteínas: regreso al país de las máquinas microscópicas

¿Cómo son las instrucciones del manual de instrucciones, qué hacen exactamente?

Dijimos que cada célula es como es, y luce y se comporta como debe por causa de las proteínas que acumula en su interior. Pero esto tiene que estar controlado de alguna manera por los genes. Debe haber una conexión entre genes y proteínas.

La conexión es simple y clave: cada gen contiene las instrucciones para fabricar una proteína. En el Capítulo 1 dijimos que las proteínas son los ejecutores de las células, las responsables de "hacerlo" todo. Lo único que los genes hacen es proveer la información para construir cada una de las proteínas. Pero deben hacerlo en el momento y en el lugar precisos. Esto quiere decir que nuestro manual de instrucciones no está escrito con grandes instrucciones del tipo "HACER UN MÚSCULO", sino con tareas más pequeñas. Todo lo que el manual de instrucciones dice es "HACER LA PROTEÍNA A", "HACER LA PROTEÍNA B". A su vez, como cada proteína es capaz de hacer ciertas cosas, *su mera presencia dentro de la célula tiene consecuencias dramáticas.*

Podemos visualizar el manual de instrucciones como un gran libro que yace en el núcleo. En él están escritas las instrucciones para fabricar las proteínas de todo nuestro cuerpo durante toda nuestra vida. Cada página contiene la instrucción para construir una proteína. Si la célula necesita esa proteína, lo que hace es copiar la página correspondiente y mandar la copia de las instrucciones a la fábrica de proteínas, donde la proteína específica será ensamblada.

Pero he aquí que todas las células contienen las instrucciones para fabricar todas las proteínas, como la clonación de Dolly y otros experimentos demostraron. Es decir, que en cada tipo celular, un cierto conjunto de instrucciones es ejecutado, mientras que otros conjuntos de instrucciones permanecen sin ejecutarse. Cada célula, de alguna manera, debe saber qué genes activar (qué instrucciones ejecutar) y cuáles deben permanecer inactivos. Además, en cada tipo celular el conjunto de genes a activar es preciso. Todas y cada una de las proteínas necesarias para formar ese tipo celular deben ser fabricadas, y las demás no.

Redefinir las preguntas

El desarrollo entonces puede ser entendido como un proceso en el cual los genes producen proteínas particulares en lugares y momentos adecuados. Para producir una proteína en particular, una célula sigue las instrucciones escritas en un gen. Cada gen contiene las instrucciones para fabricar una proteína. Diremos en lo que sigue del libro que un gen está "encendido" o "activo" en una célula, cuando la célula está produciendo la proteína especificada por ese gen, es decir, cuando esa instrucción en particular está siendo ejecutada. Cada célula tiene entonces una serie de genes encendidos y otros apagados; ahondaremos en esta idea en el capítulo que sigue. De todas formas, es posible reescribir las preguntas originales de nuevo sobre la base de lo que aprendimos.

¿Cómo es posible que ciertas células tengan activos ciertos conjuntos de genes y otras células en cambio tengan activos otros conjuntos de genes distintos?

¿Cómo puede este fenómeno coordinarse en el tiempo y el espacio para producir conjuntos de células ordenados coherentemente de acuerdo con la anatomía del organismo?

Capítulo 3

Genes encendidos y genes apagados

Proteínas reguladoras

El hecho de que cada célula contenga toda la información para el desarrollo de un organismo completo implica que los genes deben poder apagarse y encenderse. El razonamiento es sencillo: cada tipo celular es diferente, tiene distintas proteínas. Y cada proteína es fabricada cuando un gen determinado está encendido. Si todas las células tuvieran activos todos los genes, serían exactamente iguales. Cada tejido debe activar una sección de las instrucciones y mantener las otras inactivas.

¿Cómo es posible que una célula fabrique ciertas proteínas y no otras?

Para contestar esto repasemos cómo se "enciende" un gen determinado. Primero la célula tiene que hacer una "fotocopia" de las instrucciones para una determinada proteína. Luego esta copia de las instrucciones es enviada fuera del núcleo celular y viaja hasta una fábrica de proteínas (ribosomas) donde las instrucciones son leídas y la proteína específica es ensamblada. Si de alguna manera interferimos con el proceso de "fotocopiado" de las instrucciones, la información nunca podrá alcanzar las fábricas de proteínas y ésta no podrá ser construida. El proceso de "fotocopiado" de las instrucciones contenidas en un gen es la forma más usual de regular un gen. Si se produce la copia, la proteína es ensamblada y entonces el gen está "encendido". Si no se produce la copia, entonces no habrá proteína, y el gen se considera "apagado".

¿Cómo es posible regular el "fotocopiado" de la información contenida en un gen?

De esto se encargan otras proteínas muy especiales. Ellas son las encargadas de hacer las copias y se llaman *proteínas reguladoras*. Hay proteínas reguladoras de muy variados tipos que actúan de muy diversas maneras. Pero básicamente lo que estas proteínas hacen es promover (o impedir) el "fotocopiado" de las instrucciones contenidas en cada gen. En realidad hacen mucho más que eso, puesto que pueden determinar cuántas fotocopias hacen (lo que redundará en mayores o menores cantidades de esas proteínas en la célula) y en qué momento se hacen las copias.

Figura 3.1
Cada conjunto de instrucciones (cada gen) contiene una secuencia regulatoria que lo antecede, una "introducción". Esa introducción especifica qué proteína reguladora será la responsable de copiar las instrucciones y enviarlas al citoplasma para que allí se ensamble una nueva proteína siguiendo esas instrucciones. Existe una correspondencia entre proteínas reguladoras y secuencias regulatorias.

¿Cómo hace la proteína reguladora para saber qué genes encender y cuáles no? Resulta que cada página del manual de instrucciones está encabezada por una corta "introducción". Esta introducción puede leerse así: "las instrucciones contenidas en esta página sólo pueden ser copiadas por la proteína reguladora X" (véase la Figura 3.1). En realidad, la introducción es una secuencia de ADN que es reconocida específicamente por la proteína reguladora. Todos los genes están precedidos por este tipo de secuencia regulatoria. En otras palabras, cada gen puede ser "fotocopiado" por una determinada proteína reguladora.

La dieta de las bacterias

El estudio de la regulación génica comenzó con el análisis de la dieta de las bacterias por parte de dos científicos franceses en el Instituto Pasteur de París: Jacques Monod y François Jacob (quienes recibieron el Premio Nobel en 1965 por su labor).

Las bacterias son organismos sencillos: simplemente células sueltas, que viven en el suelo o nadan en líquidos. Como son sólo una célula, obviamente no tienen distintos tejidos o tipos celulares, pese a lo cual pueden encender o apagar sus genes de acuerdo con las circunstancias que las rodean. Por ejemplo, como descubrió Monod, las bacterias pueden adaptarse a distintas dietas. Para digerir distintas sustancias se requieren distintas proteínas. Los genes para fabricar esas proteínas sólo son activados cuando la cosa que digieren está presente en el medio ambiente de la bacteria. Las bacterias entonces responden al medio activando o reprimiendo genes específicos.

Los hacedores de músculo (qué buenos miotubos, tío)

Existen varias diferencias entre las células de nuestros cuerpos y las bacterias de Jacob y Monod. Las bacterias pueden cambiar las proteínas que tienen en su interior respondiendo a las condiciones del medio, mientras que, por ejemplo, una célula muscular siempre es una célula muscular y no parece haber circunstancias exteriores que modifiquen esta situación. Mientras que las bacterias cambian la acción de sus genes en diferentes momentos de acuerdo con las necesidades, nuestras células encienden o apagan genes en distintas poblaciones en partes diferentes de nuestros cuerpos. Pero existe algo en común: en ambos casos hay genes encendidos y genes apagados.

Una de las primeras proteínas reguladoras en ser estudiadas en organismos pluricelulares fue la que gobierna los genes activados específicamente en el músculo. Las células musculares aparecen por un proceso de diferenciación que tiene varias etapas. Las células precursoras del músculo se llaman "mioblastos", pueden dividirse y carecen de características musculares, pero están destinadas a adquirirlas. Estos precursores se diferencian en "miocitos", o células musculares, cuando empiezan a acumular actina, miosina y las demás proteínas propias del músculo. Finalmente los miocitos se fusionan unos con otros para formar fibras musculares o "miotubos".

Los investigadores de este proceso razonaron que la proteína que activa todos los genes que están encendidos en el músculo debe estar presente en la etapa de mioblasto, el precursor del miocito, justamente porque esta célula está en pleno proceso de transformarse en músculo. Además, esta proteína reguladora debe estar ausente de los precursores de todas las demás células.

Para poder identificar esta proteína reguladora los científicos decidieron comparar los contenidos proteicos de los mioblastos con los de otras células precursoras y ver qué proteínas están sólo en mioblastos. Esto requería cierta cantidad de células precursoras, lo cual no es tan fácil de obtener. Por suerte es posible mantener células sueltas extraídas del cuerpo de un animal si se las provee de un medio ambiente favorable, usualmente algún líquido rico en nutrientes. Las células nadan en este caldo confortable y hasta pueden dividirse. Esta técnica conocida como "cultivo celular" tiene además la ventaja de que permite estudiar las células aisladas como si fueran organismos individuales. Es mucho más fácil hacer experimentos con células que crecen en un frasco, que en el interior de un organismo vivo. La desventaja es que las células se encuentran fuera de su ambiente natural y pueden entonces comportarse de manera extraña, diferente de la que manifiestan en el conjunto del organismo.

Esta búsqueda identificó varias proteínas que estaban presentes exclusivamente en mioblastos. Pero ¿cómo saber si alguna de ellas era una proteína reguladora?

Existen dos maneras de averiguarlo. Una es introducir la proteína que sospechamos es reguladora, dentro de precursores de otras células (es decir, células que no se diferenciarán en músculo). Si la proteína de verdad puede activar los genes característicos del tejido muscular, entonces podrá activar esos mismos genes en cualquier otro tipo de célula y "forzarlas" a diferenciarse en músculo.

La otra manera es obtener de alguna forma un animal que carezca por completo de esta proteína. En tal animal, los genes típicos de músculo nunca podrán ser activados y el bicho carecerá de musculatura.

Mediante la primera técnica, fácil de ser realizada en cultivos celulares, fue posible identificar la proteína MyoD. Cuando se obliga a cualquier célula artificialmente a acumular esta proteína, la célula se convierte en músculo. MyoD es una proteína reguladora maestra del músculo.

Genes regulados y genes reguladores

MyoD es una proteína reguladora. Su rol dentro de la célula es encender un conjunto de genes bajo su control. Estos genes son los que contienen las instrucciones para fabricar actina, miosina y otras numerosas proteínas musculares. Cada uno de estos genes tiene una "introducción" o secuencia regulatoria que es reconocida por MyoD y sólo por MyoD. Pero MyoD es también una proteína y las instrucciones para fabricarla están también contenidas en un gen, el gen de MyoD. Para evitar confusiones en el futuro, cuando nos refiramos a una proteína usaremos la palabra con mayúsculas, y cuando nos refiramos al gen usaremos la palabra en minúsculas y bastardilla; así, hablaremos de la proteína MyoD y del gen *myoD*.

La visión que emerge de este tipo de experimentos es que la información genética está organizada como un batallón del ejército con su comandante o una fábrica con su capataz. Hay numerosos genes que dan instrucciones para fabricar proteínas; estas proteínas van y hacen lo que tienen que hacer -por ejemplo, construir y hacer funcionar un músculo–. Estos genes que hacen las cosas son como los operarios de una fábrica o los soldados de una batallón y reciben el nombre de genes estructurales (que codifican proteínas estructurales). Su acción está gobernada a su vez por un gen de jerarquía superior, llamado gen regulador maestro. Un gen regulador maestro contiene las instrucciones para fabricar una proteína reguladora. Lo que este gen hace es activar a todos los demás para que entren en acción. Es decir que si lo que uno quiere es una célula muscular, bastará con activar a MyoD para que éste a su vez active a todos los demás genes involucrados. Esta organización jerárquica fue también comparada con las tuberías del agua o el tendido eléctrico de nuestras casas: cada canilla o llave de luz es comparable con un gen individual de rango bajo; pero existe una llave maestra o principal que corta el agua del cuarto de baño, de la cocina o de toda la casa; también en el caso de la electricidad existen llaves de luz maestras. Cuando se activa la llave principal del músculo, todas las llaves subalternas son encendidas al unísono. Esta organización jerárquica está ilustrada con flechas en la Figura 3.2.

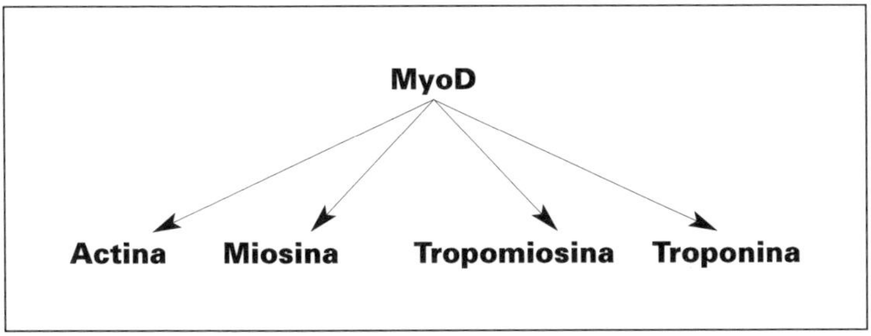

Figura 3.2
Un esquema de acción genética jerárquica
El gen *myoD* (a través de la proteína que codifica) es responsable de activar una serie de genes subalternos, que tienen las instrucciones necesarias para fabricar las proteínas típicas de las células musculares.

A continuación veremos que cuando los genes reguladores maestros son "apagados" experimentalmente, sobreviene una catástrofe en el desarrollo.

Reescribiendo el programa genético

El segundo requisito que un gen regulador maestro debe cumplir es que al ser apagado, la cohorte de genes subalternos bajo su égida deberán apagarse también. En el caso de las células musculares, si apagamos *myoD*, las células no se diferenciarán en músculo.

¿Pero cómo es posible "apagar" un gen? El truco más común para llevar esta maniobra a cabo consiste en destruir el gen en cuestión en el huevo. Cuando el huevo se divida, carecerá por completo del gen regulador maestro. En esencia, hemos "borrado" una instrucción completa del manual de instrucciones para hacer un organismo. Esto, en esencia, es aplicar ingeniería genética al embrión, a fin de "reprogramar" su desarrollo. Por supuesto, quitar por completo una instrucción del manual de instrucciones es quizá la manera más cruda de reprogramar el desarrollo, y habrá otras más sutiles, pero arrancaremos por aquí.[5]

El grupo de Rudolf Jaenisch en los Estados Unidos decidió observar qué ocurría si se borraba por completo la instrucción *myoD* del manual de instrucciones del ratón. ¿Qué resultados obtuvieron estos científicos? Los ratones carentes de *myoD* se desarrollaron perfectamente pero sin una sola célula muscular. Nacieron vivos, pero murieron a poco del alumbramiento, posiblemente porque sin músculos eran incapaces de mover el aire adentro y afuera de sus pulmones.

Esto confirma la visión que delineamos previamente. Si una célula contiene la proteína MyoD, la célula se diferenciará en músculo. Si la célula carece de la proteína MyoD, no se podrá diferenciar en músculo.

Se han encontrado numerosos genes reguladores maestros de varios tipos celulares, e incluso, como veremos en otros capítulos, reguladores más sutiles que controlan la formación de órganos y regiones más vastas de la anatomía del organismo.

¿Quién regula el regulador?

A esta altura, sin embargo, nos tropezamos con una cuestión llamativa. Dijimos primero que las células del músculo son lo que son por la colección de proteínas que contienen. Estas

[5] Uno podría preguntarse entonces si es posible hacer con un animal lo que uno quiera, por ejemplo, cambiarle las instrucciones para que desarrolle alas o branquias o que sea de color verde o tenga cinco ojos. Quizá. Todavía no conocemos todos los detalles del programa de desarrollo del ratón –o de cualquier otro organismo– como para lograr escribir las instrucciones letra por letra. Ya llegará el día.

proteínas aparecen en la célula porque un gen regulador maestro es responsable de encender todos los genes necesarios para fabricar esas proteínas. En otras palabras, cuando en una célula se enciende el regulador maestro del músculo, la célula se vuelve muscular; cuando se enciende el regulador maestro del nervio, la célula se vuelve neurona; cuando se enciende el regulador maestro de la piel, hueso, cartílago, células beta del páncreas, cada célula se vuelve lo que es. Pero entonces ¿quién enciende al gen del regulador maestro? ¿Por qué algunas células contienen un tipo de proteína reguladora y otras otro? Todas derivan del huevo original. ¿Qué pasa, entonces?, ¿acaso de repente una célula prende por azar su regulador de neurona y se diferencia en célula nerviosa, y otras células, así como así, cada una por su cuenta, asumen identidades al azar? Éste obviamente no es el caso, porque cada tipo celular ocupa un lugar preciso en la anatomía general de cada animal, con lo que cada regulador maestro debe ser encendido en el lugar apropiado. De alguna manera cada célula debe saber dónde está, y cada lugar debe ser distinto. De alguna manera las células deben hacerse unas diferentes de otras a medida que avanzan las divisiones celulares. Si todas fueran iguales, se dividirían siempre en los mismos planos y harían las mismas cosas y asumirían las mismas formas. Todo esto quiere decir que podemos reescribir nuevamente nuestras preguntas. En su forma anterior, estas preguntas eran:

¿Cómo es posible que ciertas células tengan activos ciertos genes y otras células en cambio tengan otros genes activados?

¿Cómo puede este fenómeno coordinarse en el tiempo y el espacio para producir conjuntos de células ordenados coherentemente de acuerdo con la anatomía del organismo?

Ahora podríamos enunciarlas así:

¿Cómo es posible que ciertas células tengan activos ciertos reguladores maestros y otras células en cambio tengan otros genes reguladores maestros activados?

¿Cómo puede este fenómeno coordinarse en el tiempo y el espacio para producir conjuntos de células ordenados coherentemente de acuerdo con la anatomía del organismo?

En el próximo capítulo, vamos a explorar la primera de las cuestiones: los mecanismos que hacen que las células adquieran destinos e identidades propias, distintas de las demás. En los capítulos que siguen ahondaremos en las estrategias que tienen los embriones para coordinar el proceso de desarrollo.

Capítulo 4

Divisiones asimétricas: el origen de la diversidad celular

Imaginemos una célula que está por convertirse en músculo. Aún no lo es: no tiene fibras contráctiles ni ninguna de las características propias de este tipo celular. Sin embargo, tiene proteínas reguladoras musculares, que están en el acto de encender los genes que conducirán a la fabricación de esas proteínas y guiarán los cambios que la lleven a ser músculo. Se trata de un mioblasto. A su lado hay otra célula, no muy distinta en su apariencia, pero esta segunda célula está cargada de otras proteínas reguladoras, y está por lo tanto destinada a convertirse –diferenciarse– en otro tipo celular; estas proteínas reguladoras la conducirán a ser un condrocito, una célula del cartílago. Como su destino es ser una célula del cartílago la llamamos condroblasto. Un mioblasto y un condroblasto no son muy distintos; la diferencia estriba en las proteínas reguladoras que contienen, y esto fija su destino. Cada una tiene destinos diferentes. Pero uno puede preguntarse qué determina que una tenga ciertas proteínas reguladoras y otra, otras. Sería en vano invocar proteínas que regulen los genes de las proteínas reguladoras. En algún punto algo hizo que estas dos células sean diferentes. Es más, como todas las células del cuerpo provienen por división celular de una única célula primordial (el huevo fecundado), deben existir divisiones celulares cuyo producto sean células hijas con distintos contenidos: unas con ciertos reguladores y otras con otros. Sin estas divisiones asimétricas, todas las células de nuestro cuerpo serían idénticas.

Existen varias formas en las cuales las células se vuelven unas distintas de otras, pero un par de ellas son usadas profusamente durante el desarrollo de la mayor parte de los animales, y sobre ellas nos concentraremos.

En el capítulo anterior investigamos las proteínas reguladoras y las definimos como aquellas sustancias (o máquinas) encargadas de realizar fotocopias de las instrucciones de cada gen a fin de ser enviadas a la fábrica de proteínas. Mencionamos el caso de proteínas reguladoras de la dieta de bacterias y de MyoD, la proteína reguladora de los genes requeridos para hacer que una célula se vuelva muscular.

Existe una diferencia fundamental entre estos dos ejemplos. En el caso de las bacterias, la proteína reguladora puede "percibir" el medio ambiente y proceder a encender o apagar los genes correspondientes según la necesidad de la célula. En el caso de los mioblastos, la situación es bien distinta: MyoD no percibe el medio ambiente, y de hecho su función no es modulada de ninguna forma. MyoD siempre enciende los genes bajo su comando. Basta con que MyoD esté dentro de la célula, para que los genes a su cargo sean encendidos.

Pero la situación de MyoD no es la única posible en células animales. Algunas proteínas reguladoras pueden, como en el caso de las bacterias, responder al medio ambiente de la célula y encender o apagar genes en respuesta a señales externas.

¿Hablo con la célula del 5to. "f"?

Todas las células tienen en sus membranas una serie de antenas o receptores que miran hacia el exterior (véase la Figura 4.1). Cada antena o receptor está preparado para recibir un tipo de señal, una sustancia de algún tipo u otro, es decir, una señal química. Como es de esperar, estos receptores son proteínas. Cuando un receptor recibe una señal, empieza a provocar cambios dentro de la célula. Uno de esos cambios puede ser la activación de una proteína reguladora. Los receptores son entonces responsables de conectar el interior y el exterior de la célula; perciben ciertos cambios en el exterior y provocan ciertas modificaciones en el interior como respuesta a las condiciones exteriores. Las señales que los receptores reconocen pueden venir del exterior del organismo (como alimentos en el medio ambiente o "feromonas", sustancias empleadas para la comunicación química entre animales), pero nosotros vamos a concentrarnos en aquellas señales que son fabricadas por una célula y percibidas por otra en un mismo individuo. En otras palabras, estamos hablando de cómo las células se comunican unas con otras.

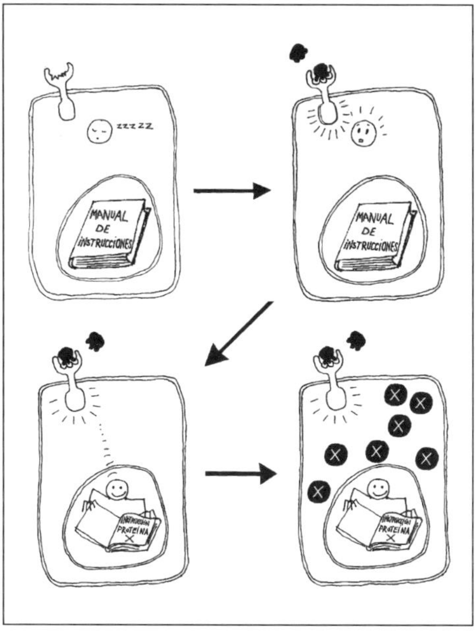

Figura 4.1
En general las células poseen en su superficie una serie de proteínas receptoras. Cada receptor responde específicamente a ciertas señales moleculares. La señal y el receptor correspondiente tienen formas complementarias que aseguran un reconocimiento específico. Cuando la señal se une al receptor, se producen cambios en el interior de la célula. En el caso ilustrado en la figura, el cambio implica la activación de una proteína reguladora, la cual migra hacia el núcleo y enciende el gen de la proteína X. Al poco tiempo, la célula ha fabricado varias copias de la proteína X.

Algunas de las señales químicas reconocidas por los receptores celulares son bien conocidas por nosotros: las hormonas. Buena parte de nuestro desarrollo postnatal está gobernado por la acción de las hormonas sexuales. Cuando alcanzamos la pubertad, nuestras gónadas (ovarios en las mujeres y testículos en los varones) empiezan a producir una serie de sustancias que vuelcan en la sangre. Estas señales viajan así por todo nuestro cuerpo y bañan todos nuestros tejidos. Cada célula de nuestros cuerpos es expuesta a las hormonas. Algunas de estas células tienen en sus membranas los receptores adecuados y son capaces de responder a la señal. Ejemplos clásicos son las células de las glándulas mamarias: cuando reciben la señal de la hormona femenina, comienzan a cambiar, se dividen más, encienden nuevos genes, producen nuevas proteínas y las mamas entonces crecen y se desarrollan para su función adulta. La piel de la cara de los varones también responde a las hormonas masculinas produciendo pelos más duros y largos. Pero las hormonas masculinas no hacen que crezca barba en los párpados o en los labios, y las hormonas femeninas no estimulan el desarrollo de todas las glándulas sino sólo de algunas, como las glándulas mamarias. Esto es porque no todas las células tienen receptores para esas hormonas. En otras palabras, la señal sólo es percibida por aquellas células que contienen los receptores adecuados. Es curioso notar sin embargo que las células en los pechos de los varones sí tienen los receptores para las hormonas femeninas y por eso si un varón se inyecta estas hormonas, sus pechos crecerán acordemente. Cuando la señal no existe, la presencia de receptores es inútil. Muchas afecciones humanas son producidas por faltas hormonales, como el enanismo (falta de hormona del crecimiento) o ciertos tipos de diabetes (carencia de la hormona insulina). Pero afecciones equivalentes también aparecen cuando los receptores están fallados. Esto es aún más grave, porque en esos pacientes la inyección de hormonas resulta completamente inútil: las células son incapaces de responder, son totalmente sordas a la señal por falta de la antena específica. Existen, por ejemplo (aunque es raro), personas genéticamente masculinas pero que carecen por completo del receptor de andrógeno, la hormona masculinizante; poseen testículos, pero como el resto de sus células no "oye" la señal producida por los testículos, todo el resto de sus cuerpos luce perfectamente femenino.

Las hormonas son señales de larga distancia, que comunican células en distintas partes del cuerpo. Existen otras señales que sólo actúan a distancias muy cortas, de manera que las células que las emiten y las que las reciben deben estar en contacto físico. Este tipo de diálogo celular íntimo es muy común en el desarrollo embrionario y es el tipo de comunicación usado por los organismos para producir células distintas.

Diálogo íntimo

Imaginemos una célula que se divide y produce dos células hijas exactamente iguales. Las dos células hijas contienen las mismas sustancias y tienen encendidos los mismos *sets* de genes, e igualmente los genes dormidos son exactamente los mismos. Imaginemos también que estas dos células idénticas contienen una proteína reguladora maestra capaz de cambiar sus destinos, pero esta proteína reguladora está inactiva, esperando la señal para ir y hacer lo suyo. Las dos células idénticas tienen también en sus membranas un receptor para una señal específica, y si ese receptor es activado, entonces la proteína reguladora también entrará en acción. Todo está listo para ambas células; sólo hace falta la señal. Si ambas células recibieran la señal, ambas activarían la proteína reguladora y seguirían siendo iguales la una a la otra. Pero aquí está la clave. Es posible que una de estas células esté más cerca de la señal que la otra. La fuente de la señal puede ser una tercera célula que esté al lado de una de nuestras células idénticas pero no de la otra. Entonces sólo una de las células recibirá la señal y activará el receptor que activará la proteína reguladora que encenderá los genes que harán a la célula distinta (véase la Figura 4.2).

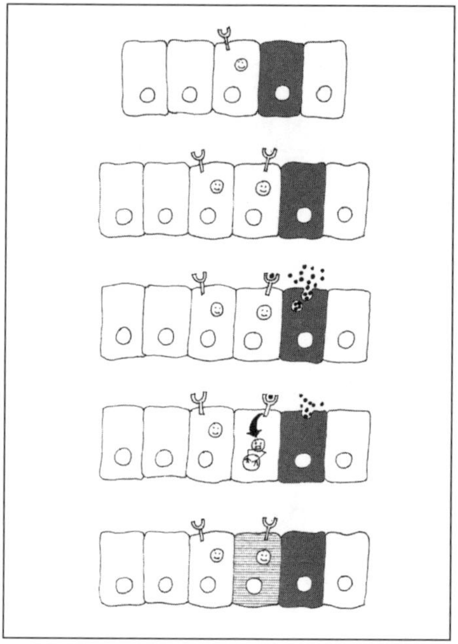

Figura 4.2
Creando células distintas por comunicación celular
Una de las células del conjunto se divide, produciendo dos células hijas idénticas. Cada una de estas células, como su madre, posee un receptor en su membrana capaz de recibir cierta señal. Esta señal es producida por la célula de la derecha del par, pero no por la de la izquierda. La señal es de acción a corta distancia y sólo una de las células del par (la más cercana a la fuente) es expuesta a concentraciones suficientemente altas como para generar una respuesta. Sólo esa célula responde, y activa *sets* de genes que la hacen diferente de su hermana.

La moraleja de esta historia es que las células pueden cambiar en respuesta al medio inmediato que las rodea. En un embrión de dos células, cada una de ellas está en contacto con el exterior (puede ser el líquido uterino, la clara del huevo, el mar), y cada una, en contacto con la otra. Pero a medida que el número celular aumenta, cada célula está en contacto con un número limitado de vecinas y puede dialogar sólo con algunas de ellas. De modo que la división celular puede producir células idénticas, pero muy probablemente cada una de ellas tenga vecinas diferentes, y esto puede traducirse en diferentes respuestas dentro de cada célula. Es posible que entre los genes que son activados por esta proteína reguladora existan genes que a su vez codifican para otras proteínas reguladoras como MyoD. Es decir que señales externas a la célula pueden traducirse en cambios permanentes en los contenidos celulares y en los destinos que esta célula puede seguir.

Uno para ti, mil para mí

Cuando era niño, solía deleitarme con un programa de televisión: *Las aventuras de Hijitus*. El maléfico Profesor Neurus tenía una manera peculiar de repartir el botín de sus fechorías entre él, su ayudante Pucho, y ocasionalmente, los secuaces Larguirucho y Serrucho. Neurus verbalizaba su técnica mientras la ejecutaba, y decía así: "Uno para ti, dos para mí; uno para ti, cien para mí; otro para ti, mil para mí". En este punto Neurus generalmente rompía en una siniestra carcajada, presa de un gozo incontenible.

Quizá la manera más directa de conseguir dos células desiguales es repartir los contenidos de la célula madre de manera desigual, de forma que una de las células hijas se quede con ciertas sustancias en su interior y a la otra le toque poco o nada de esas sustancias. Para lograr este milagro de la injusticia celular, es necesario que las sustancias se acumulen en un rincón de la célula madre; así, cuando se produce la división (generalmente en la línea media), obtenemos la desigualdad que buscábamos (véase la Figura 4.3). La célula, o ciertos componentes en su interior, deben identificar esa sustancia, atraparla, acarrearla a la fuerza, soltarla en el rincón adecuado y asegurarse de que se quede ahí quietecita. No vamos a describir en estas páginas cómo hace una célula para llevar una determinada sustancia y agolparla en un rincón. Baste decir que de eso se encargan ciertas proteínas, y que es posible. Las sustancias de las que hablamos no están adentro de los núcleos, sino afuera de ellos, en el líquido celular que los científicos gustan de llamar "citoplasma".

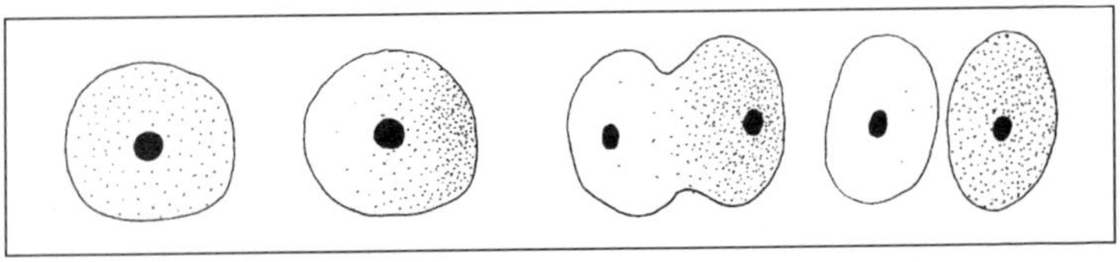

Figura 4.3
Formación de células distintas por distribución asimétrica de sustancias en el citoplasma. Los puntitos representan moléculas de una sustancia que se concentra en uno de los polos de la célula. Cuando ésta se divide en dos, una de las células recibe mucho más de esta sustancia que la otra. Si la sustancia asimétricamente distribuida es una proteína reguladora, entonces la célula que la reciba encenderá ciertos genes que no serán activados en la otra célula.

Estas sustancias pueden ser proteínas reguladoras o sus precursores. La consecuencia de esta división asimétrica es que cada una de las células tendrá un *set* distinto de genes encendidos. Como resultado de la expresión diferencial de genes, cada célula contendrá proteínas distintas y se comportará de manera diferente. Algunas de estas proteínas pueden ser los constituyentes de la maquinaria que genere otra ronda de divisiones asimétricas, de manera que la cantidad de tipos celulares vaya en aumento a medida que el desarrollo procede.

Casi todos los huevos son asimétricos

Existe una distribución asimétrica de componentes celulares en la mayor parte de los huevos, muchas veces antes de ser fertilizados. Los huevos de anfibios, como las ranas y los sapos, tienen una parte coloreada (negruzca o marrón) y otra parte clara. Cada una de esas partes tiene sustancias diferentes, y no sólo las que les dan color. Poco después de que el espermatozoide se une con este huevo, se producen una serie de reacciones y aparece en uno de los costados una mancha de color gris en forma de medialuna. En un ejercicio notable de la imaginación, los científicos de anfibios denominaron a esta mancha "la medialuna gris". Es decir que antes de que se produzca la primera división celular del desarrollo del nuevo organismo, esta célula tiene ya al menos tres regiones claramente discernibles que contienen sustancias distintas. Cuando el cigoto se divide y forma un conjunto multicelular, cada célula contiene sustancias diferentes, provenientes de partes distintas del huevo. Cada una de estas regiones terminará formando parte de distintas zonas del embrión. Volveremos a esto en capítulos posteriores.

Las sustancias presentes en la medialuna gris parecen ser de enorme importancia para el desarrollo del embrión. Esto fue demostrado por Hans Spemann, un embriólogo alemán del que hablaremos en detalle más adelante. Spemann tomó pequeños embriones de anfibio y separó sus células constituyentes con la ayuda de un cabello. Descubrió que si una célula contenía las sustancias de la medialuna gris, podía seguir dividiéndose y dar lugar a un renacuajo normal. Pero si la célula carecía de las sustancias de la medialuna gris, se dividía para formar una bola informe de células de varios tipos. Este experimento muestra dramáticamente la importancia de ciertas sustancias distribuidas en forma asimétrica.

Algunos organismos ponen huevos con citoplasmas aún más exóticos que los de sapo o rana. Un animalillo marino llamado "papa de mar" tiene un huevo con no sólo una medialuna gris, sino además una medialuna amarilla. Las células que reciben el citoplasma de la medialuna gris producen el sistema nervioso central, la parte clara da lugar a la epidermis del animal, la región más oscura pasa a formar parte del intestino y del aparato digestivo, y las células que contienen citoplasma derivado de la medialuna amarilla siempre se desarrollan como células musculares. Es más, si uno extrae la sustancia (o mezcla de sustancias) contenida en la medialuna amarilla y la inyecta en otras células, esas células se diferencian en tejido muscular.

Resumen

Hemos visto dos formas de lograr que esa masa de células en división que es el embrión produzca tipos celulares distintos. Una manera es repartiendo los contenidos de la célula desigualmente y la otra es mediante la comunicación celular con los vecinos. Estos dos mecanismos, usados frecuentemente en el desarrollo de muchos organismos, no son los únicos que conducen a divisiones celulares asimétricas. De todas formas, proveen un modelo creíble de cómo numerosos tipos celulares diferentes pueden aparecer a partir de un tipo celular único (el cigoto). Con estos modelos en mente, es posible imaginar un proceso que de otra manera resulta misterioso. Las divisiones celulares asimétricas, con la activación o distribución diferencial de reguladores maestros, son responsables de que los sistemas simples que son los cigotos se transformen, paso a paso, en estructuras altamente diversas. Cada vez que se produce una división asimétrica en un organismo, su nivel de complejidad aumenta. La presencia de diversos tipos celulares es un prerrequisito para la construcción de estructuras de alta complejidad, como por ejemplo el sistema nervioso de los vertebrados, incluidos los cerebros humanos.

En cierto punto del desarrollo todos los embriones son asimétricos, es decir, no son esferas perfectas; tienen un adelante, un atrás, un arriba y un abajo bien distintos. Esta asimetría surge naturalmente por divisiones celulares asimétricas. En muchos casos, como hemos visto, se remonta al hecho de que los huevos mismos tienen distribuciones asimétricas de sus contenidos.

¿Cómo se establecen las asimetrías originales en cada huevo?

Éste es un tema importante y fuertemente estudiado. Distintos organismos usan distintas estrategias para lograrlo. En el Capítulo 7 analizaremos un poco más este tema.

En los capítulos que siguen veremos cómo las divisiones asimétricas deben ser coordinadas en el tiempo y en el espacio.

Capítulo 5

Las partes del cuerpo y los genes que las controlan

Coleccionistas de monstruos

Una forma de estudiar fenómenos naturales es observar sus posibles desviaciones, e investigar qué sucede cuando las condiciones se alteran de alguna forma. Ésta es la base de la experimentación: la variación controlada de un aspecto de un fenómeno a fin de ver cómo los demás aspectos se ven afectados. En sistemas biológicos, es informativo ver qué pasa cuando alguna de sus partes constituyentes es cambiada, sustituida o eliminada. En el Capítulo 3 vimos que la eliminación de un gen regulador maestro del manual de instrucciones para la construcción de un ratón puede conducir a la carencia completa de un tipo celular en particular. Con el mismo tipo de pensamiento en mente podemos imaginarnos cómo luciría un animal que tuviera defectos en las instrucciones que controlan la coordinación del desarrollo. Si estos genes realmente existen, entonces su eliminación o mutación deberían conducir a animales descoordinados: seres con la cabeza en la mitad del cuerpo u ojos en los dedos, o pelos en el intestino o patas en la cara.

Por supuesto que todos conocemos este tipo de criaturas, reales o imaginarias: las llamamos monstruos y han fascinado a la humanidad desde sus orígenes. Lo horroroso no radica en lo totalmente desconocido, sino en aquellas cosas que aun siendo extrañas guardan aspectos de algo familiar. Los monstruos míticos tenían partes de distintos animales, partes de más o de menos, o en los lugares equivocados. Y lo horroroso causa atracción. Los primeros museos de Europa fueron precisamente el producto del gusto de la nobleza, a partir del siglo XIV, por coleccionar cosas raras, e incluían normalmente algún tipo de animal de aspecto monstruoso guardado en frascos. En 1718 el zar Pedro el Grande de Rusia, por ejemplo, firmó un decreto por el que todo monstruo nacido en territorio ruso, fuera bestia o humano, debía ser llevado ante su presencia para incorporarlo a su fabulosa colección. Ésta todavía puede visitarse en San Petersburgo y cuenta con varias malformaciones, incluso un novillo de dos cabezas. En muchas universidades, incluida la UBA, aún hoy existen colecciones de este tipo.

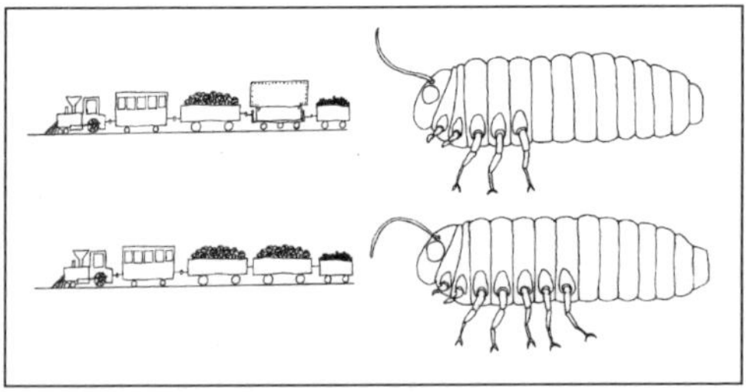

Figura 5.1
Transformaciones homeóticas. Los trenes y los artrópodos están compuestos de unidades repetidas: los vagones en un caso y los segmentos en el otro. En las transformaciones homeóticas, una unidad repetida adquiere la apariencia de otro elemento de la serie. Nótese que tanto en el tren como en el insecto de la figura, el número de unidades no cambia. Algunas de las unidades se "transforman" en otras. En el caso del tren, el vagón de carga líquida se transformó en un vagón de carga de sandías y es por eso que ahora hay dos vagones con sandías en vez de uno.

Pero la cuestión no es simplemente coleccionar defectos en el desarrollo, sino tratar de encontrar una lógica detrás de ellos. El biólogo inglés William Bateson trató de buscar una lógica en las deformidades del mundo vivo en un compendio de seres extraños que publicó en 1894. Bateson prestó particular atención a casos en los que una parte de un organismo era reemplazada por otra parte, especialmente en estructuras compuestas por elementos repetidos. Por ejemplo, la columna vertebral de nuestros cuerpos está compuesta por la sucesión de una unidad repetida: la vértebra. Otros ejemplos incluyen las costillas, los segmentos de los insectos y las lombrices, los pétalos y sépalos de las flores. Cada una de estas "estructuras" puede compararse con un tren, que es una seguidilla de elementos similares (los vagones; véase la Figura 5.1). Como con los trenes, las unidades de estos sistemas biológicos presentan variaciones; no es lo mismo una locomotora que un furgón de cola, un vagón de pasajeros, uno de carga sólida y uno de carga líquida (a pesar de que todos tienen elementos comunes como las ruedas y la plataforma). Análogamente, no es lo mismo un segmento de la cabeza de una mariposa que un segmento de su tórax (que tiene alas) o de su abdomen; no es lo mismo una vértebra cervical que una lumbar o que el hueso atlas (la vértebra donde descansa nuestro cráneo). Estas unidades parecidas pero diferentes son variaciones sobre un tema central. Los mejores ejemplos de Bateson provenían del mundo de los artrópodos (animales con segmentos, que incluyen arañas, cienpiés, cangrejos e insectos), pues estos bichos tienen numerosas unidades repetidas con increíbles variaciones de forma. Cada segmento normalmente tiene un par de extremidades, un orificio respiratorio, un vaso conductor de líquidos, una serie de ganglios nerviosos y otros elementos anatómicos que se repiten de segmento en segmento. Las extremidades pueden variar enormemente; pueden ser patas para caminar, correr, trepar, cavar, saltar (recuerden las gigantescas patas traseras de los saltamontes), luchar (las tenazas de cangrejos y langostas de mar), nadar (como las patas/aletas de los langostinos). Alrededor de la boca los artrópodos tienen una serie de tenazas y pinzas diminutas que les sirven para masticar y maniobrar la comida, y no son más que patas modificadas. Más adelante, en la cabeza, las antenas son también un tipo de extremidades con muchas semejanzas con las patas. Hay cierta belleza en la economía de diseño de una estructura compuesta de unidades en serie.

Bateson notó que con frecuencia aparecen animales o plantas en los cuales ciertas unidades de la serie adquieren la apariencia de otras unidades de la misma serie, como si olvidaran lo que son y se transformaran en otra cosa. Por ejemplo, un cachorro en el cual una vértebra cervical tiene la forma de una vértebra dorsal. O insectos en los cuales las extremidades bucales (mandíbulas o maxilas) se convierten en patas, o características de la cola que aparecen en el tórax o en la cabeza, o antenas que parecen patas. Decimos ahora que estos segmentos han adquirido la *identidad* de otros. Bateson bautizó a este tipo de fenómeno "transformaciones homeóticas".

La existencia en la naturaleza de transformaciones homeóticas significa que existe un orden en la forma en que las instrucciones para construir un animal están organizadas. Podemos imaginarnos, por ejemplo, que existe un programa básico para la construcción de vagones, y luego subrutinas específicas que modifican ese plan básico y rinden los diseños de la locomotora y demás vagones específicos. Una transformación homeótica aparece entonces cuando la subrutina para un determinado elemento es dañada o por alguna razón no es capaz de ser llevada a cabo. En estas condiciones el vagón sigue allí (el programa básico sigue igual), pero luce distinto: en vez de locomotora tenemos furgón de cola, en lugar de un segmento del abdomen tenemos un segmento del tórax.

Cazadores de mutantes

Como ya mencionamos, en los genes aparecen defectos de manera espontánea con el tiempo, simplemente como errores de copia cada vez que todo el manual de instrucciones debe ser duplicado para pasarlo a células nuevas. Si un animal tiene una mutación en un gen importante para coordinar el desarrollo, entonces esa instrucción en particular no podrá llevarse a cabo o se ejecutará de manera equívoca; el resultado será un ser cuyas partes están armadas de manera grotesca o errónea. Si los animales deformes de Bateson hubieran dado descendencia con las mismas deformidades, estaríamos frente a "defectos hereditarios" o mutaciones.

Mencionamos anteriormente que una mutación es una alteración en la información contenida en un gen. Es decir que si tenemos un mutante que, digamos, no tiene pelo, la mutación debe afectar un gen necesario para producir pelo. De la misma forma, si una mutación produce una transformación homeótica, entonces esa mutación es un defecto en un gen que controla la identidad de algún segmento u otra unidad anatómica repetida.

Una buena manera de estudiar el proceso de desarrollo podría ser buscar rarezas hereditarias en distintos animales, es decir, mutaciones. Cada mutación corresponderá a un defecto en un gen, y así podremos ir identificando cada uno de los genes necesarios para el desarrollo del animal. Luego, bastará estudiar con detenimiento cada uno de estos genes (¿en qué células actúa?, ¿qué tipo de proteína codifica?, ¿en qué momento del desarrollo lleva a cabo su acción?, etc.), para ir descifrando la lógica entera del manual de instrucciones.

Sin duda, Bateson habría amado poder acumular colecciones de mutantes. Pero hay varias razones por las cuales no lo hizo; la más importante es... ¡que los genes aún no habían sido inventados! El tratado de Bateson sobre transformaciones homeóticas y otras cuestiones se publicó en 1894, pero las leyes de la herencia no se hicieron públicas sino hasta 1900, cuando algunos científicos descubrieron los trabajos de Gregor Mendel de 1865. Hasta entonces ni siquiera existía la noción de "gen". Obviamente, a partir de 1900 Bateson se convirtió en un furioso fanático de los estudios "mendelianos" y de la incipiente ciencia de la genética. Pero los primeros y más exitosos trabajos fueron realizados en plantas (como ciertas arvejillas que usó Mendel) y no dieron importancia a los problemas del desarrollo. Toda la atención de los científicos estaba puesta entonces en ver cómo funcionaba la herencia (cómo el manual es pasado de generación en generación), no en el desarrollo (cómo el manual se ejecuta).

Pero las cosas estaban cambiando rápidamente. Por esa misma época, en la Universidad de Columbia en Nueva York, Thomas Hunt Morgan y la gente de su laboratorio comenzaron a desarrollar el estudio de mutantes de la mosca de la fruta o *Drosophila melanogaster*. En pocos años convirtieron a *Drosophila* en el organismo favorito para los estudios genéticos.

Lentamente, batallones de genetistas atraparon en frascos moscas mutantes de diversas layas, formas, tamaños y colores. Moscas con alas curvadas, más oscuras, con ojos marrones, púrpura, naranja, ojos empequeñecidos, también moscas con comportamientos extraños, olvidadizas, homosexuales, sin el sentido del olfato. El momento llegó, por supuesto, cuando comenzaron a encontrarse moscas deformes, algunas, atrozmente deformes: se trataba de mutantes con defectos en su desarrollo. Una de las más famosas y excitantes: una familia de moscas con patas en vez de antenas, que recibió el aciago nombre de Antennapedia.

Genes para cada segmento

El cuerpo de las moscas, como el de cualquier insecto, está dividido en tres secciones (cabeza, tórax y abdomen), cada una compuesta de varios segmentos. La cabeza contiene la boca, las antenas y los ojos; los segmentos del tórax están compuestos de patas y alas; los segmentos del abdomen poseen el aparato digestivo y los genitales.

Con el tiempo se aislaron una serie de mutaciones homeóticas que fueron estudiadas en detalle, principalmente por Edward B. Lewis en el Instituto Tecnológico de California y por Thomas Kauffman en la Universidad de Indiana. Sus investigaciones mostraron que existe un conjunto pequeño (ocho, en los insectos) de genes homeóticos. Las proteínas que estos genes codifican tienen dos características centrales:

- están presentes (se sintetizan y acumulan) conjuntos específicos de células que se corresponden con segmentos o grupos de segmentos;
- son proteínas reguladoras capaces de activar y reprimir genes subalternos.

Las células del tórax de un insecto poseen encendido un gen homeótico particular, y por lo tanto tienen en su interior la proteína reguladora homeótica correspondiente. Esta proteína enciende genes específicos del tórax, por ejemplo, todos los genes necesarios para construir las patas. Además, reprime o apaga todos los genes requeridos específicamente para desarrollar las estructuras normalmente presentes en el abdomen, por ejemplo, los genitales (recordemos que todas las células del cuerpo tienen los mismos genes, pero no todos están necesariamente activos). La proteína reguladora homeótica del tórax, por lo tanto, gobierna o inicia el funcionamiento de todos los genes del tórax e impide que los segmentos torácicos adquieran identidades que no les corresponden.

La proteína reguladora homeótica del tórax está ausente en el abdomen o en la cabeza. Del mismo modo, la proteína reguladora homeótica del abdomen está ausente en el tórax o en la cabeza, etc. En realidad, existen tres proteínas reguladoras homeóticas del tórax (una para cada segmento), dos en el abdomen y tres en la cabeza. La Figura 5.2 muestra dónde están encendidos algunos de estos genes homeóticos en el embrión de *Drosophila*.

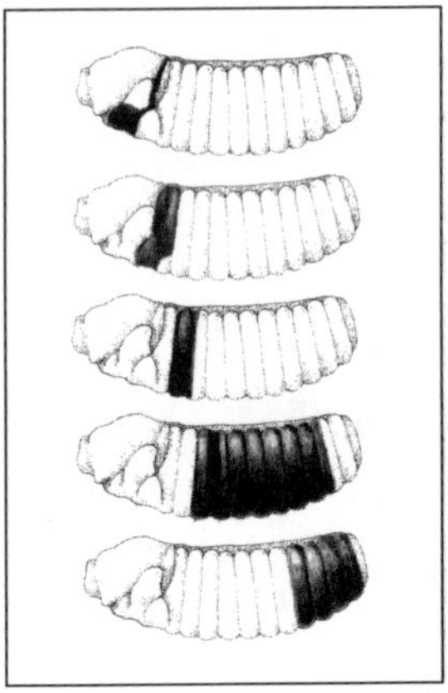

Figura 5.2
Embrión de *Drosophila*
Cada gen homeótico está encendido en un segmento o grupo de segmentos diferentes. La figura muestra algunos, no todos, los genes homeóticos y las regiones donde están encendidos.

Proteínas reguladoras en cada sector

¿Qué sucedería si por la fuerza encendiéramos un gen homeótico del abdomen en las células del resto del cuerpo? De pronto, todas las células encenderían los genes típicos del abdomen, y muy probablemente apagarían genes que no son específicamente abdominales. De modo que todos los segmentos empezarían a tener características abdominales. Por ejemplo, la proteína reguladora homeótica del abdomen reprime a los genes que construyen las patas y por eso los segmentos abdominales no tienen patas. Al hacer que todas las células tengan esta proteína reguladora homeótica, reprimiremos la aparición de extremidades en todos y cada uno de los segmentos. En suma, produciremos una transformación homeótica (Figura 5.3).

Si por el contrario eliminamos un gen homeótico por completo, las células del segmento donde este gen se encuentra normalmente activo no podrán encender los genes subalternos correspondientes. Lo que sucede en estos casos frecuentemente es que el gen homeótico vecino "invade" el territorio vacante. Por ejemplo, si un embrión de mosca carece por completo de las instrucciones para fabricar la proteína reguladora del abdomen, entonces las células del abdomen comenzarán a acumular la proteína reguladora del tórax. La consecuencia es nuevamente una transformación homeótica: el abdomen ahora tiene patas, una característica torácica.

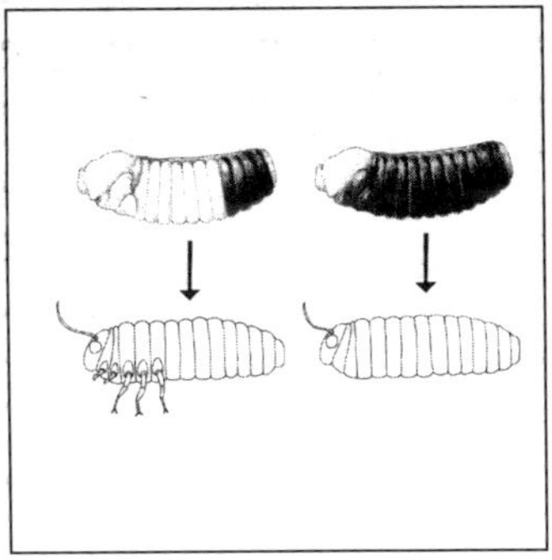

Figura 5.3.
Una transformación homeótica inducida experimentalmente. El embrión de la izquierda es normal; sombreados, se muestran los segmentos que tienen encendido el gen homeótico de la parte final del abdomen. A la derecha, un embrión en el cual casi todos los segmentos del cuerpo han sido forzados a tener activo el gen homeótico del abdomen. El primer embrión se desarrolla normalmente. El de la derecha, en cambio, tiene segmentos que en su mayoría lucen como los del abdomen, y es por eso que no tiene patas.

Lo gracioso es que experimentos de esta índole son posibles y se han realizado repetidas veces. Por ejemplo, en un laboratorio construyeron moscas que carecían de las instrucciones de todos los genes homeóticos del abdomen. El resultado fue que los genes homeóticos del tórax "invadieron" la región anterior y los segmentos abdominales adquirieron características torácicas (patas). El experimento inverso también se hizo. Encendieron genes abdominales en todas y cada una de las células del embrión, mediante técnicas experimentales que no vamos a detallar. El resultado fue una mosca cuyos segmentos –todos ellos– lucían como segmentos abdominales: una seguidilla de cola tras cola tras cola, sin cabeza ni tórax. Pero a no alarmarse, tales moscas nunca alcanzan la madurez, mueren dentro del huevo como embriones horripilantes.

Esta situación tiene reminiscencias de lo discutido para la proteína reguladora MyoD. En ambos casos, tanto la ausencia de la proteína como su presencia en lugares "no adecuados" conducen a cambios profundos en el desarrollo por activación o represión inapropiada de genes.

Eres el gen de mis ojos

Los genes homeóticos no son los únicos reguladores maestros que controlan grandes estructuras anatómicas.

Uno de los ejemplos más llamativos lo constituye uno de los genes reguladores maestros que inducen la aparición del ojo. En *Drosophila* existe un gen denominado *eyeless*, que significa "sin ojos". El nombre fue establecido porque cuando este gen está ausente, las moscas mutantes carecen de ojos, lo cual indica que el gen es necesario para la formación de este órgano. Investigadores en el laboratorio de Walter Ghering en Suiza hicieron unos experimentos muy llamativos manipulando la expresión de este gen.

Observaron que *eyeless* sólo estaba encendido en los lugares donde aparecerían los ojos. Todo parecía indicar que *eyeless* podía ser el regulador maestro de los ojos. Si esto es así, razonaron, entonces al encender este gen en otras regiones del cuerpo, podríamos obtener una mosca con ojos en lugares extraños.

Los investigadores hicieron eso mismo. Lograron activar el gen *eyeless* en distintas partes de la mosca, por ejemplo las patas o las alas; el resultado: ¡moscas con ojos en las patas o en las alas! Esto demostraba que *eyeless* puede disparar el desarrollo del órgano ocular. Por supuesto que hay muchos genes necesarios para construir un ojo, pero todo parece indicar que esos genes son llamados a la acción por *eyeless*, que está entonces en el tope de la jerarquía de los genes que hacen el ojo. De nuevo, este gen es un regulador maestro, similar a *myoD* y a los genes homeóticos.

Embriones para colorear

La Figura 5.2 parece en cierta forma extraída de un libro para niños donde los distintos segmentos han sido pintados. Si por alguna razón pintamos "mal" el embrión (por ejemplo, pintamos la cabeza con el "color" que le corresponde al tórax), sobreviene un desastre en el desarrollo. Las células creen que son otra parte del cuerpo, y lo que debería convertirse en antena sería ahora una pata. Es decir que para que cada parte del cuerpo aparezca donde debe aparecer es fundamental que los genes reguladores (homeóticos y de otros tipos) se enciendan donde corresponde y permanezcan apagados donde no les corresponde. De alguna manera hay que regular a los reguladores.

Cada parte del cuerpo parece estar controlada por un regulador maestro específico o por la combinación de un par de reguladores maestros. Para cada región u órgano del cuerpo parece haber entonces un "dibujo" para colorear. Si ponemos un grupo de células con un regulador maestro de las patas, estas células se transformarán en patas. Si encendemos en cambio el regulador maestro del corazón, las células construirán un corazón. Es como si una persona planeara la decoración de una casa "pintando" las paredes y el piso. Pinta con pintura azul todo lugar donde debe ir un cuadro, de amarillo donde deben colgarse los espejos, de rojo donde deberán ser acomodados los sillones, etc. Más tarde, vendrán los decoradores y leerán el código de colores, poniendo cada cosa en el lugar marcado. El problema clave de la coordinación del desarrollo es entonces cómo encender estos genes reguladores maestros donde corresponde y mantenerlos apagados donde no corresponde.

Si pudiéramos ver qué células tiene en su interior tal o cual proteína reguladora, veríamos los distintos patrones en el espacio y en el tiempo que van diciéndoles a las células del embrión qué es en lo que tienen que devenir. El dibujo que generan las proteínas reguladoras presagia las formas que aparecerán en el embrión. La proteína *eyeless* presagia la presencia de un ojo, la proteína homeótica del primer segmento torácico presagia la presencia de patas y de alas. Lo mismo sucede con cada órgano y estructura; aun los surcos entre segmentos son presagiados por dibujos de proteínas reguladoras específicas muy temprano en el desarrollo.

Los dibujos están compuestos por grupos de células que tienen en su interior una cierta proteína reguladora. Estos grupos de células reciben el nombre de "territorios" celulares. Cada territorio está destinado a convertirse en algo diferente. Normalmente el desarrollo de un animal comienza con muy pocas células y muy pocos territorios. A medida que las células se dividen, y a medida que estas células se vuelven diferentes mediante divisiones asimétricas (como estudiamos en el Capítulo 4), aparecen en el embrión más y más territorios. La forma y el tamaño de estos territorios pueden cambiar a medida que el desarrollo progresa. Por lo tanto, los "dibujos" que vemos en el embrión también cambian con el tiempo.

Estos dibujos en alguna medida no son muy distintos de los verdaderos dibujos en la piel de muchos animales o en las alas de las mariposas. La piel de las cebras está cubierta de pelos que nacen de distintas células. Cada una de estas células epiteliales es distinta porque tiene pigmentos distintos que le dan al pelo su color (o carecen de pigmentos en el caso de los pelos blancos), pero pueden producir pigmentos distintos porque tienen proteínas diferentes que fabrican y procesan esos pigmentos, y estas proteínas a su vez están allí por la activación diferencial de un gen.

Mientras los dibujos de los leopardos y las mariposas son visibles a causa de estos pigmentos, los dibujos en los embriones pueden ser vistos también con técnicas apropiadas en el laboratorio. Las figuras que pintan son a veces extrañas y sugerentes, y otras, complicadas y hermosas.

La importancia del dibujo

Empezamos este capítulo discutiendo la coordinación del desarrollo. Vemos que las estructuras anatómicas presentes, al menos en el caso de la mosca (y veremos más adelante que esto es básicamente cierto para todos los organismos), están determinadas por ciertos genes reguladores maestros particulares que gobiernan todas las instrucciones para hacer esa estructura. Las proteínas reguladoras están encendidas en ciertos grupos de células a las que llamamos territorios, y la forma y la localización de los territorios describen dibujos en el embrión en desarrollo.

Ya vimos que la alteración del dibujo conlleva una reestructuración de la anatomía. En capítulos anteriores teníamos una pregunta concerniente a la coordinación del desarrollo, que ya podríamos escribir de la siguiente manera:

¿Cómo puede la activación diferencial de reguladores maestros coordinarse en el tiempo y en el espacio para producir conjuntos de células ordenados coherentemente de acuerdo con la anatomía del organismo?

Pero vemos ahora que aun esta pregunta complicada podríamos analizarla a la luz de los patrones de activación de los reguladores maestros y escribir:

¿Cómo se regulan los reguladores para que los territorios sean como deben ser y estén donde deben estar?

O en otras palabras:

¿Cómo se generan "dibujos" en un organismo en desarrollo?

En el capítulo siguiente analizaremos algunas de las estrategias utilizadas por las células en embriones en desarrollo para organizar los territorios de sus proteínas reguladoras y producir un dibujo que culmine en un organismo como se debe, con su cabeza adelante y su cola detrás, y todas las partes donde esperamos encontrarlas.

Capítulo 6

Cómo dibujar la bandera francesa en un embrión

La bandera de Francia como ejemplo de un dibujo

Durante años los científicos del desarrollo hablaron del "problema de la bandera francesa". Imaginemos un conjunto de células en desarrollo. Estas células tienen que formar territorios distintos y cada territorio debe encontrarse en el lugar adecuado. Si quisiéramos dibujar la bandera francesa, deberíamos establecer un territorio de células rojo, otro blanco y otro azul formando bandas verticales en el orden adecuado.

La bandera de Francia tiene tres franjas verticales; de izquierda a derecha, la primera es azul, le sigue una blanca y por último una roja. Un dibujo básico en un conjunto de células podría ser un territorio de la proteína reguladora "AZUL", un territorio de la proteína reguladora "BLANCA" y un territorio de la proteína reguladora "ROJA". El orden es importante: blanco-azul-rojo no es la bandera de Francia, tampoco lo es blanco-azul-blanco, etc. ¿Cómo puede un grupo de células adquirir el orden adecuado en su dibujo? O, dicho de otra manera, ¿qué determina que la cabeza esté adelante, luego el tórax y por último el abdomen?

En este capítulo vamos a usar el ejemplo de la bandera francesa para estudiar estrategias de dibujo reales que determinan el orden de tipos celulares en distintos embriones en desarrollo.

Estrategia 1: inducciones sucesivas

Imaginemos el caso más simple posible: tres células adyacentes en hilera que son exactamente iguales. A esto agreguémosle (a la izquierda de la primera célula) una cuarta célula distinta de las otras tres (la llamaremos célula O; véase la Figura 6.1 para la discusión que sigue). Esta última célula produce entonces una señal. Las otras células son idénticas y todas tienen el receptor para esa señal, pero, como ya vimos en otros casos, la señal tiene acción a corta distancia. De este modo, sólo la célula ubicada inmediatamente a la derecha de O recibe efectivamente la señal; las otras dos ni se enteran.

Como respuesta a la señal, la célula receptora activa la proteína reguladora AZUL, que a su vez enciende una batería específica de genes que la convertirán en célula Azul. En la jerga de los estudiosos del desarrollo, decimos que la célula ha adquirido la "identidad Azul". Entre otras características singulares, esta célula puede producir una segunda señal química. La célula ubicada inmediatamente a la derecha de Azul tiene en su superficie receptores para esta señal; la célula siguiente también los tiene, pero la señal es de corta distancia y nunca llega tan lejos. La célula a la izquierda de la Azul (es decir, la célula O), por el contrario, no presenta esos receptores y es por lo tanto incapaz de responder a la segunda señal. La célula Azul misma tampoco tiene receptores de su propia señal, y, por lo tanto, no puede "autocomunicarse".

Al recibir la segunda señal, esta célula se convierte en el tipo Blanco. Las células del tipo Blanco producen una tercera señal de corta distancia que difunde hacia los costados. La célula a la derecha de la Blanca contiene receptores para la tercera señal, mientras que la célula Azul no tiene estos receptores (tampoco los tiene la célula Blanca). Como consecuencia de esto, la última célula activa los genes que la convierten en el tipo Roja, mientras que la célula Azul permanece tal y como estaba.

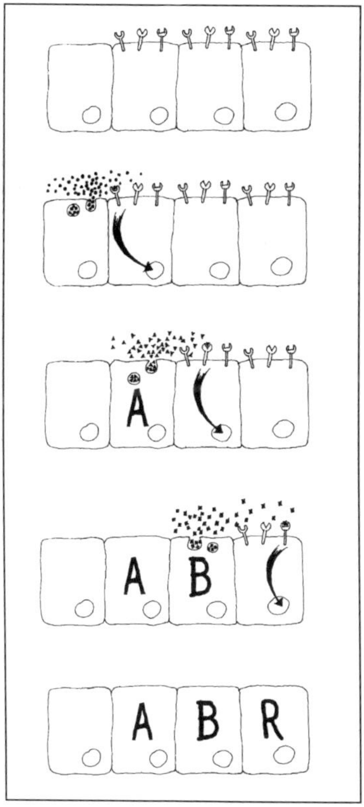

Figura 6.1
El patrón de territorios celulares puede ser generado por células que se comunican una con la siguiente. La célula en el extremo izquierdo emite una señal que sólo alcanza a sus vecinas inmediatas. La siguiente célula hacia la derecha recibe la señal y cambia de identidad. Como consecuencia produce una segunda señal que induce el cambio en la célula que sigue. Estas interacciones pueden propagarse numerosas veces.

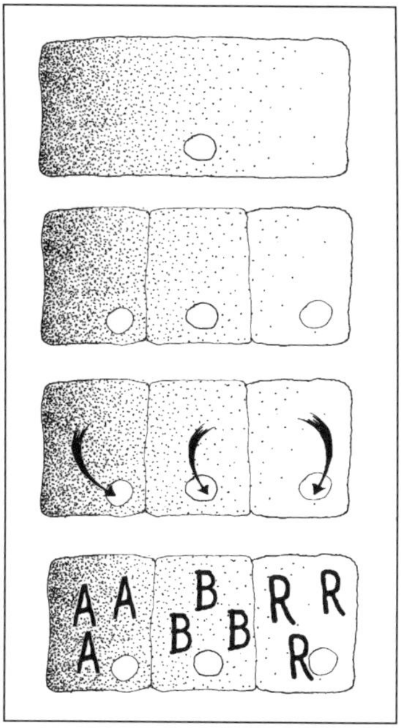

Figura 6.2.
Una proteína reguladora (representada por los puntitos) está distribuida asimétricamente en una célula con concentraciones altas en un extremo, que disminuyen hacia el otro extremo. Al dividirse, cada célula hija recibe una concentración diferente de la proteína reguladora. Hay genes que son encendidos por altas concentraciones y otros por medianas o bajas. De esta manera el gradiente de concentración se traduce en células con distintas identidades.

Esta cascada en la cual cada célula induce un cambio en la siguiente es frecuentemente llamada proceso de "inducciones sucesivas", y muchos embriones la usan. En particular, nuestro desarrollo, como el de otros vertebrados, depende enormemente de esta estrategia. Analizaremos esto con más detalle en el Capítulo 8. Veremos que la inducción no tiene por qué ser entre células individuales, y que con frecuencia, son grupos enteros de células los que envían señales a otros conjuntos de células.

Estrategia 2: degradé de reguladores

Supongamos ahora que un huevo (recordemos que es una única célula) contiene una proteína reguladora distribuida asimétricamente. Es más, supongamos que esta proteína reguladora exhibe un gradiente de concentración, es decir, está muy concentrada cerca de un punto y se va diluyendo a medida que nos alejamos de ese punto (véase la Figura 6.2).

Ahora bien, imaginemos que el huevo fertilizado se divide hasta producir tres o cuatro células. En nuestro caso, imaginémoslas en hileras para hacer la situación lo más parecida posible al caso que analizamos anteriormente.

Cada célula contiene ahora concentraciones diferentes de esta proteína reguladora inicial. ¿Puede esto tener algún efecto en los genes que se encenderán o no en las células hijas?

Recordemos por un instante que para encender o apagar un gen, las proteínas reguladoras deben interactuar con las secuencias regulatorias, esas "frases" introductorias delante de cada gen. Cada secuencia regulatoria responde a la acción de proteínas reguladoras específicas, pero debemos subrayar que distintas secuencias regulatorias pueden responder a una misma proteína reguladora de diferente manera. Hay secuencias regulatorias que son fácilmente "encendibles" y basta un poquitín de proteína reguladora para que enciendan el gen a su cargo. Otras secuencias regulatorias son más duras de entendederas y requieren altas concentraciones de proteína reguladora para llegar a alcanzar a encender el gen que antecede. Es como si estas secuencias regulatorias "débiles" fueran algo así como "sordas" a la proteína reguladora y necesitaran una concentración mucho más alta para ser estimuladas.

Esto quiere decir que existen genes que pueden ser encendidos a bajas concentraciones de la proteína reguladora (escuchan y responden bien), mientras que otros genes sólo son encendidos con niveles altos de la proteína reguladora, porque a bajas concentraciones ni se enteran de que la proteína reguladora está allí. Ésta es una interesante y útil propiedad de las secuencias regulatorias.

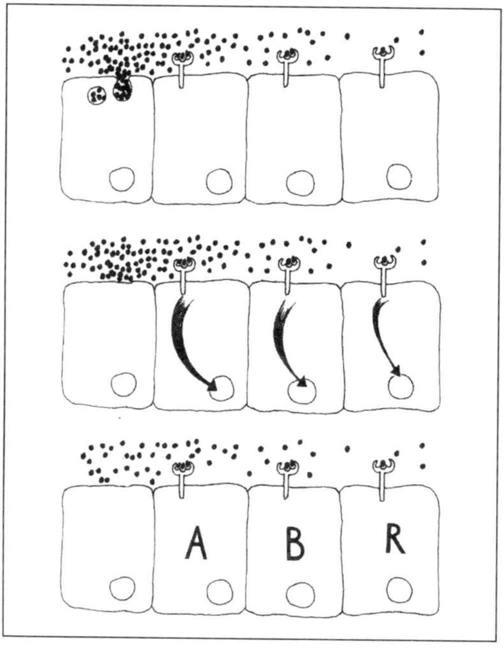

Figura 6.3
La célula en el extremo izquierdo produce una señal que se diluye a medida que se aleja de la fuente. Cada célula está por lo tanto expuesta a distintas concentraciones de la señal. Las células además tienen en sus membranas receptores que responden de manera diferente a distintas concentraciones de la señal. De esta forma, producen distintos efectos en el interior de cada célula, lo que conduce a que cada una de ellas adquiera una identidad diferente.

Supongamos ahora que existe una proteína reguladora I que está muy concentrada hacia la izquierda y más diluida hacia la derecha. Si lo que queremos es generar el patrón de la bandera francesa, lo que tendremos que garantizar es que el gen Azul sólo responda a altas concentraciones de I, el gen Blanco a concentraciones medianas y el gen Rojo a concentraciones bajas. Si cada gen tiene la secuencia regulatoria que le corresponde en su introducción, el resultado será el esperado, como se sugiere en la Figura 6.3. El gen azul debe tener una secuencia regulatoria muy sorda a I; el gen blanco, una secuencia regulatoria de respuesta mediana, y el gen rojo, una secuencia regulatoria bien sensible, capaz de ser activada aun a bajas concentraciones de I.[6]

Como veremos en el capítulo siguiente, el huevo de *Drosophila* está originalmente cargado de proteínas reguladoras distribuidas asimétricamente en gradientes. La más estudiada es la proteína Bicoid, que está muy concentrada en la parte delantera del embrión (la que dará lugar a la cabeza) y va diluyéndose hacia el medio hasta ser prácticamente indetectable. Las células que se encuentran cerca de una de las puntas estarán expuestas a altas concentraciones de Bicoid, mientras que las que se encuentren en el otro extremo no tendrán nada de Bicoid a su alrededor.

La estrategia que delineamos se basa en dos puntos clave. Uno, la existencia de gradientes de concentración de proteínas reguladoras. Dos, secuencias regulatorias capaces de responder de manera diferente a la concentración de estas proteínas regu-

[6] Uno puede preguntarse qué impide a la célula de la izquierda encender los genes Blanco y Rojo, puesto que estos genes responden tanto a concentraciones altas como bajas de la proteína I. En principio nada lo impide, pero como en esta circunstancia no obtenemos exactamente el patrón de la bandera francesa, tenemos que introducir una pequeña modificación. Si suponemos que la proteína reguladora A es capaz de reprimir o inactivar a Blanco y Rojo, todo está bien. De hecho, esto es lo que sucede en muchos sistemas biológicos: numerosos genes reguladores maestros se regulan los unos a los otros en complicadas redes de interacciones.

ladoras. Lo mágico de la estrategia es que una única sustancia no sólo controla la acción de varios genes distintos, sino que también determina el orden en que serán activados. Este tipo de sustancia, que es capaz de "organizar" una serie de estructuras durante el desarrollo dependiendo de su concentración, fue descripta sobre la base de fundamentos absolutamente teóricos durante los debates de la bandera francesa, y se le dio el nombre de "morfógeno" (de raíces del griego que significan 'generadores de forma'). A mediados de la década de 1980, mediante una ingeniosa serie de experimentos que describiremos en el capítulo siguiente, se identificó a Bicoid como el primer caso real de un morfógeno. La lista de estas maravillosas sustancias sigue creciendo con los años.

Experimentalmente podemos ver si una sustancia se comporta como un morfógeno variando adrede su concentración en la célula. En el ejemplo anterior, si logramos artificialmente reducir la concentración de la sustancia I, entonces todas las células adquirirán la identidad ROJA, porque ésta es la identidad que las células adquieren cuando están expuestas a bajas concentraciones de morfógeno. Por el contrario, si aumentamos experimentalmente la concentración de morfógeno en la célula original, entonces todas las células hijas se desarrollarán con la identidad AZUL. En otras palabras, si atiborramos el sistema de morfógeno I, la bandera será toda blanca; si en cambio vaciamos el sistema de I, la bandera será toda roja. Este tipo de manipulaciones experimentales son las que sirven para ver si un sospechoso de ser morfógeno es culpable o no.

Estrategia 3: degradé de señales

Un morfógeno no tiene por qué ser una proteína reguladora, ni siquiera tiene por qué ser una proteína. Cualquier sustancia que produzca una respuesta coordinada en el desarrollo según su concentración es por definición un morfógeno. Los experimentos y manipulaciones que describimos en la sección anterior pueden aplicarse a cualquier sustancia, con diversas funciones biológicas.

Una señal química distribuida en forma de un gradiente de concentración puede constituir otro tipo distinto de morfógeno. En el caso anterior, donde el morfógeno era una proteína reguladora, el sistema dependía para su correcto funcionamiento de la acción de secuencias regulatorias que responden diferencialmente a la concentración de la proteína reguladora en cuestión. Si el morfógeno es en cambio una señal que se transmite de célula a célula, el sistema debe poseer *receptores de membrana* que puedan responder diferencialmente de acuerdo con la concentración de la señal. En otras palabras, este tipo de receptores provocan cambios en el interior de la célula de acuerdo con cuán concentrada esté la señal en el exterior.

Podemos recurrir nuevamente a nuestro ejemplo de la bandera francesa para describir el esquema básico. Imaginemos cuatro células en hilera. La de la izquierda produce una señal química, la cual se diluye a medida que se aleja de la fuente. (Esto es fácil de imaginar: si introducimos un algodón empapado en tinta dentro de un vaso de agua, veremos la tinta muy concentrada cerca del algodón, pero el color irá diluyéndose hacia la superficie del agua.) Las otras tres células poseen un receptor que es capaz de responder a diferentes concentraciones de la señal. Si la señal está muy concentrada, provocarán una respuesta fuerte dentro de la célula. Si la señal está muy diluida, provocarán una respuesta débil dentro de la célula (Figura 6.3).

Dentro de las células que responden a la señal podemos encontrar proteínas reguladoras que son activadas (indirectamente, por la señal) de manera graduada: algunas mucho y otras poco. A su vez, existen genes con secuencias regulatorias que pueden responder a proteínas reguladoras muy activadas, mientras que otras secuencias regulatorias responden a proteínas reguladoras poco activadas. De este manera, las células que se encuentran cerca de la célula que produce la señal responderán activando ciertos genes mientras que las células que se encuentran lejos de la célula que produce la señal activarán otros genes distintos.

Vemos nuevamente que una única molécula (la señal, en este caso) puede conducir a la activación de un número de genes en un orden determinado. La señal actúa como un morfógeno.

Más allá de la bandera: acción combinatoria y dibujos complejos

Hasta ahora analizamos cómo pueden generarse patrones sencillos como el de la bandera francesa, pero es obvio que los dibujos en los embriones de verdad son mucho más variados, complejos y cambiantes que tres francas franjas locas en orden. Pero la verdad es que no es muy difícil imaginar cómo un patrón simple sirve de plataforma para generar dibujos más y más complejos.

Un embrión puede establecer una serie de bandas al estilo "bandera francesa" a lo largo de uno de los ejes de su cuerpo; no tienen por qué ser tres bandas, pueden ser muchas. Además, cada banda puede ser de una célula de ancho o de muchas células. Digamos que por alguna de las estrategias anteriores se establecen una serie de bandas de cabeza a cola, es decir, en el eje antero-posterior. Al mismo tiempo, el mismo embrión puede tener una serie de bandas similares a lo largo de otro eje, como ser el eje ventro-dorsal (es decir, de panza a espalda). Ahora estas bandas pueden usarse para generar más dibujos. Las diferentes bandas pueden actuar en efecto como un sistema de coordenadas a lo "batalla naval". Un determinado gen es encendido por dos proteínas reguladoras que actúan simultáneamente, de manera que este gen sólo es modulado allí donde las bandas de estas proteínas reguladoras se cruzan. A-5: agua. D-5: tocado. D-6: hundido.

Si cambiáramos la distribución de una proteína reguladora, los dibujos de los genes que responden a estas proteínas cambiarían también. Esto se debe a que todas las células contienen todos los genes del organismo; la diferencia es que estos genes sólo se encienden allí donde encuentran las proteínas a las que responden. Pero si cambiáramos las secuencias regulatorias, el dibujo del gen también cambiaría.

De hecho, es posible cambiar artificialmente la secuencia regulatoria de cualquier gen por la de algún otro. El resultado es un cambio en el dibujo de un determinado gen, que ahora pasa a tener el dibujo de su "nueva" secuencia regulatoria artificial. Las secuencias regulatorias pueden responder a proteínas reguladoras de muchas formas distintas. Por ejemplo, puede ser que sólo se activen si dos o más proteínas reguladoras actúan de manera conjunta y simultánea. O puede ser que se activen por una proteína, excepto cuando hay cierta otra proteína presente que es capaz de reprimir la acción de la primera y "apagar" el gen. Puede ser que el gen se encienda automáticamente en cualquier célula a menos que ciertas proteínas lo apaguen en ciertas partes. Como casi cualquier combinación es posible, las bandas originalmente dispuestas a la manera de la bandera francesa sirven de puntos de referencia para poder establecer patrones de alta complejidad. Y a medida que nuevos dibujos y patrones aparecen en los conjuntos de células del embrión, el sistema empieza a contar con más y más puntos de referencia para seguir elaborando patrones más y más complicados. El inicio es sencillo; el producto final somos nosotros.

Otras estrategias

Existen otras estrategias conocidas para generar territorios coordinados de células durante el desarrollo; quizás haya muchas que todavía no se han identificado o imaginado. Pero basta en el presente contexto, con mostrar que es posible establecer un patrón coordinado de células diferentes en un animal en desarrollo. No es simplemente magia que Aristóteles haya visto surgir de la sustancia homogénea de un huevo, lenta y paulatinamente, las maravillosas partes de un pollito. Se trata de una serie compleja de sucesos minuciosamente orquestados en el nivel molecular y celular: señales, reguladores, receptores, secuencias regulatorias; todos estos elementos interactúan uno tras otro, llevando a las nuevas células a diferenciarse, dividirse, detener su desarrollo o acelerarlo, cometer suicidio celular, cambiar de forma, migrar en masa o reptar subrepticiamente de un lado al otro del embrión en desarrollo. Así, el dibujo puede indicar que esta población celular devenga en cabeza, o que se diferencie en tejido muscular, o que marque el territorio de la mano en desarrollo que debe morir para poder esculpir los dedos. Es posible que el dibujo genético marque un sector donde las células se dividan alocadamente, aumentando su número, formando una extremidad en crecimiento. Es posible también que indique cuántas y cuáles células iniciarán el movimiento que cambie la forma de una determinada sección del embrión, y construya un tubo que dará lugar al sistema nervioso. En definitiva, al establecer el dibujo de proteínas reguladoras, el embrión determina qué células harán qué cosa en qué lugar; y esto a su vez es lo que determina la forma y estructura final del animal en desarrollo. En los próximos dos capítulos analizaremos con más detalle el desarrollo temprano de la mosca y de los vertebrados, y veremos cómo los fenómenos que estudiamos hasta ahora entran en juego a la hora de construir un animal.

Capítulo 7
El comienzo de una mosca

Los moscólogos también rompen huevos

Supongamos que queremos entender cómo un huevo fertilizado de mosca procede a través del desarrollo para establecer los primeros dibujos y echar a andar los cambios que lo convertirán en una larva viva y en movimiento. Querremos saber qué cosas suceden después de que el óvulo y el espermatozoide se unen, qué cambios celulares ocurren, qué genes se prenden y cuáles se apagan, dónde, cuándo y cómo estos genes interactúan para ir construyendo el animal.

Lo primero será entonces volver a hacer lo que el viejo y astuto Aristóteles tan sabiamente hizo 2.300 años atrás: abrir los huevos y mirar en su interior. Gracias al microscopio podemos seguir el comportamiento y el destino de las células en las primeras horas de la mosca y entender, al menos en parte, qué está sucediendo dentro de la cáscara del huevo.

Los huevos de mosca son blancos, oblongos y de aproximadamente un milímetro de largo. Tienen varias capas protectoras, son depositados sobre fruta en descomposición por las hembras y producen pequeños gusanitos en cosa de un día. El desarrollo temprano, como en el caso de la gallina, sucede dentro de las capas protectoras (la "cáscara").

El huevo fertilizado es una única célula (gigantesca comparada con otras células). El núcleo celular empieza a dividirse apenas el huevo es depositado, pero no así el citoplasma, de modo que el "huevo" se convierte en una gran célula "multinucleada". El núcleo celular se fracciona varias veces en el centro de la célula, más tarde los núcleos hijos migran hacia la superficie. Mientras migran se siguen dividiendo; cuando llegan y se acomodan cerca de la superficie de la célula, son aproximadamente 3. 300 núcleos dispuestos unos al lado de los otros, que forman una capa homogénea. No existen aún separaciones entre esos núcleos para formar células. Lo que desde afuera nosotros vemos como un huevo de mosca es, debajo de la cáscara, ya un pequeño embrión; todavía es una única célula, pero con miles de núcleos en su superficie (véase la Figura 7.1).

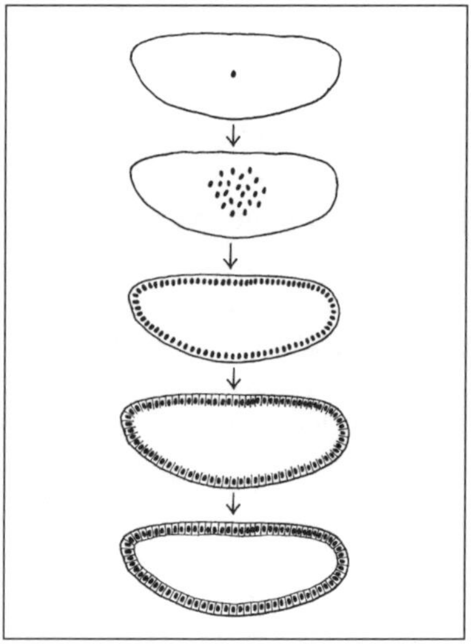

Figura 7.1
Primeros pasos en el desarrollo de la mosca. El huevo fecundado (también llamado cigoto) al principio contiene un solo núcleo. Este núcleo se divide varias veces en el centro de la enorme célula. Más tarde los núcleos migran hacia la periferia de la célula y permanecen allí un tiempo. Finalmente se forman los tabiques entre las células, y el embrión pasa de ser una enorme célula multinucleada a un sistema con muchas células individuales.

Un poco más tarde comienzan a formarse tabiques entre los núcleos y el embrión se convierte en una especie de tapizado de células. Lentamente las células cambian de forma en algunas regiones y comienzan a aparecer las separaciones entre los segmentos incipientes. Más tarde aún, grupos de células realizan movimientos importantes. Algunas se desprenden de la superficie y reptan hacia el interior, donde formarán nervios y ganglios. Otras producen movimientos en masa que construyen tubos respiratorios o vasos conductores de líquidos. Las células de la cabeza sufren movimientos complicados que reestructuran toda la anatomía de las partes bucales. Finalmente las células empiezan a diferenciarse, a adquirir sus contenidos específicos y su forma, color y propiedades mecánicas y químicas. En poco tiempo más la larva diminuta está lista para romper el cascarón.

La gran búsqueda de los genes maestros del desarrollo

El siguiente paso deberá ser descifrar el programa completo para construir esta mosca. Queremos identificar todos los genes que participan en el desarrollo y dilucidar qué hace cada uno: cuáles codifican señales, cuáles, receptores, cuáles, proteínas reguladoras; cuáles son requeridos para ésta o aquella estructura anatómica. Habrá luego que ver cómo interactúan unos con los otros: quién regula a quién, cuál está por encima de los otros en la jerarquía genética, cuáles son morfógenos, si los hay.

La colección de mutantes como arte y ciencia dio un paso adelante cuando empezó a entenderse que ciertos tratamientos aumentan la frecuencia de aparición de mutaciones. Un ejemplo clásico lo constituyen las radiaciones ionizantes de la energía nuclear. En la presentación de la serie televisiva *Los Simpsons*, vemos que el río de Springfield contiene un simpático pez de tres ojos, posiblemente producto de los desperdicios nucleares del señor Burns. La radiación, así como muchas sustancias truculentas, puede usarse para aumentar la cantidad de moscas mutantes que aparecen en un laboratorio. El procedimiento, que tiene algo de frankensteiniano, se denomina "mutagénesis". Así pueden aislarse numerosos casos de atractivas deformidades.

Si una mutación interfiere con el desarrollo, es muy posible que se detenga y que como consecuencia el embrión no llegue a término y no pueda emerger de la cáscara del huevo. Salir a la caza de los genes que hacen un embrión supuso entonces para los genetistas un cambio de actitud. En vez de buscar moscas adultas deformes o extrañas, debían buscar moscas cuyos huevos nunca llegaran a término, moscas que pusieran huevos de los que nunca emergiera larva alguna. Estos "huevos" alojarían, bajo su cáscara, embriones muertos en los cuales el proceso de desarrollo se habría detenido por fallas en alguna de las instrucciones tempranas.

El siguiente paso en la labor del genetista del desarrollo consiste en analizar los defectos de cada una de las mutaciones. En cada caso veremos un embrión muerto, a medio formar, detenido en su proceso de desarrollo porque alguna instrucción clave ha fallado y dejado el trabajo a medio hacer. Cada línea mutante producirá, si todo va bien, un pequeño monstruo diferente, un embrión detenido en un paso distinto porque falló un proceso distinto. Cada defecto sugerirá una acción en particular: un embrión sin cabeza deberá ser un mutante para un gen requerido para el desarrollo de la cabeza. Si lo que queremos es descifrar todo el programa del desarrollo temprano, deberemos tratar de identificar un número gigantesco de genes y poder analizarlos y ordenarlos para ver cómo escriben el programa.

Este acercamiento genético al desarrollo puede ilustrarse con una analogía: supongamos que decidimos develar cómo es el manual de instrucciones para construir un automóvil en una fábrica. El manual está escrito en un idioma indescifrable, y tampoco podemos ver qué sucede dentro de la fábrica. Lo que sí podemos hacer es infiltrarnos en su sistema de computadoras y *hackear* su manual de instrucciones. Como no entendemos cómo está escrito, decidimos cambiar una instrucción –¡sólo una!– al azar, eliminarla, y ver qué sucede. Eso hacemos e inmediatamente vamos a la playa de estacionamiento donde son llevados los automóviles producidos con las nuevas instrucciones *hackeadas*. Vemos entonces qué defectos tienen. Anotamos los resultados y procedemos de nuevo a eliminar otra parte del manual de instrucciones y corregir el error anterior. Una nueva generación de vehículos fallados aparecerá en la playa de estacionamiento. Para cada instrucción observaremos los automóviles producidos. Algunos serán básicamente normales. A otros les faltará el espejo retrovisor y ya. Algunos estarán sin pintar. Pero aun otros serán una masa irreconocible. Supongamos que borramos la palabra "remache" del manual de instrucciones, o la palabra "metal": las consecuencias serán tan abismales que quizá ningún auto emerja al final de la línea de producción. Pero operando sistemáticamente podremos encontrar la lógica que sustenta la fabricación. Veremos que hay una sección dedicada al motor, y otra al chasis, veremos que varias instrucciones afectan los frenos, etc. Agruparemos entonces cada uno de los defectos y los catalogaremos. Una vez hecho esto, procederemos con mayor audacia y comenzaremos a borrar ya no una instrucción por vez, sino que eliminaremos combinaciones de dos. Volveremos a analizar los resultados. Eventualmente, con viento en popa, suficiente tiempo y dinero, podremos descifrar el manual de instrucciones.

A fines de la década de 1970, dos científicos, la alemana Cristiane Nüsslein-Volhard y el estadounidense Eric Wieschaus, adoptaron precisamente esta estrategia para encontrar los genes del desarrollo temprano, en la ciudad de Tübingen, Alemania. ¿Cuántos genes del desarrollo temprano querían "atrapar"? Todos. Su plan era ambicioso y desesperantemente trabajoso. Estos científicos visionarios debieron proceder a juntar miles de moscas mutantes candidatas, hacerlas poner huevos, recolectar esos huevos y abrirlos. Recordemos que cada huevo de *Drosophila* mide poco más de un milímetro. Los embriones sacados de estos huevos deben ser observados en el microscopio, y su aspecto, juzgado. ¿Son monstruos? ¿Qué tienen mal? No es fácil mirar un embrión de mosca y decidir si es deforme: es necesario conocer en detalle hasta las más minúsculas características de unos gusanos diminutos (y espantosos, dirán algunos). Nüsslein-Volhard y Wieschaus analizaron, con ayuda de sus colaboradores, decenas de miles de huevos mutantes y conservaron para la posteridad la más impresionante y fructífera colección de monstruos construida en la historia.

Madre hay una sola

Pero Nüsslein-Volhard y Wieschaus sabían que las madres juegan un rol muy importante en el desarrollo de los animales. Después de todo, son los tejidos maternos los que fabrican el huevo. De hecho, todos los huevos están cargados de proteínas importantísimas (incluidas las proteínas reguladoras) aun antes de ser fecundados. Estas proteínas son fabricadas por los tejidos de la madre, y las instrucciones para hacerlas yacen en el manual de instrucciones de la madre, no en el del embrión. Estas proteínas son las que gobiernan el desarrollo temprano de la mayoría (si no de todos) los embriones del reino animal. El embrión no toma control de su propio desarrollo sino hasta más tarde, cuando muchos procesos clave ya han tenido lugar.

A sabiendas de esto, los astutos investigadores salieron a la búsqueda de moscas mutantes cuyos hijos (los embriones) tuvieran defectos tempranos en el desarrollo. La madre fabrica ciertas proteínas clave que inyectará dentro del huevo antes de la fecundación. Si la misma madre tiene defectuosas las instrucciones para fabricar estas proteínas, entonces los huevos que deposite no contendrán alguna de estas proteínas clave y no podrán desarrollarse normalmente. Pero ella, la madre, será totalmente normal. Estos genes son muy particulares: sus mutaciones no afectan al animal en cuestión sino a su progenie, y son por lo tanto denominados “genes de efecto materno”. Nüsslein-Volhard y

Wieschaus buscaron genes en los embriones y en las madres de los embriones, que, al ser mutados, ocasionaran horribles defectos en el desarrollo embrionario de la mosca.

Un lugar para cada monstruo y cada monstruo en su lugar

¿Sirvió de algo? Por supuesto que sí, aunque esto quizá no fuera obvio para ellos mientras hacían su curioso trabajo. ¿Qué vieron?

Lo primero que hicieron Nüsslein-Volhard y Wieschaus con sus mutantes fue ordenarlos. Ésta es una rica tradición en la biología y en otras ciencias: tratar de construir categorías para las cosas y clasificarlas. Estos biólogos observaron que muchos embriones mutantes tenían defectos iguales o parecidos y podían ser agrupados en familias de malformaciones. Por ejemplo, muchos de ellos carecían completamente de estructuras anteriores (cabeza y tórax), mientras que otros no tenían abdomen. Unos tenían defectos en la zona ventral (la pancita) y otros en la dorsal (la espalda). Algunos eran aún más extraños. Sabemos que las moscas tienen segmentos (catorce segmentos, para ser más precisos); bien, algunos embriones muertos estaban perfectos con la excepción de que carecían de todos los segmentos pares (el segundo, cuarto, sexto, etc.). Otra serie de mutantes no tenía los segmentos impares. En otros, cada uno de los segmentos tenía borrada una mitad, pero la otra mitad estaba básicamente perfecta.

Esto solo ya es informativo. Hay genes que son necesarios para hacer la parte de adelante y otros que se requieren para construir la parte de atrás de un animal. Esto quiere decir que la parte de adelante y la de atrás se forman por rutas diferentes, usando conjuntos de genes distintos, y que de alguna manera son independientes la una de la otra. Esta independencia se manifiesta por el hecho de que existen mutantes donde una parte está afectada mientras que la otra está en perfecto estado. Estos resultados sugieren (o son compatibles con el hecho de) que el embrión se arma por partes y que cada parte está gobernada por sus propias instrucciones. Es como si dijéramos que un coche se arma por partes y que si falla la maquinaria que ensambla los paragolpes, no necesariamente el coche tendrá un defecto en el carburador. Los paragolpes y el carburador se construyen por rutas independientes con materiales e instrucciones que no se influyen entre sí.

En 1995, Nüsslein-Volhard y Wieschaus recibieron el premio Nobel (junto con Edward Lewis por su trabajo en genes homeóticos) y hoy su hazaña se conoce con el nombre de "la mutagénesis de Tübingen" entre los biólogos, que, como vemos, son muy imaginativos al nombrar sus historias importantes.

"El comandante de tu parte de adelante"

Una vez que una buena colección de mutantes está a disposición, el siguiente paso será empezar a estudiar cada uno de los genes. Para poder entender el proceso desde el principio, buscaremos primero mutantes cuyos defectos se manifiesten en etapas tempranas del desarrollo. En especial, nos concentraremos en "genes de efecto materno", es decir, en aquellas proteínas que la madre inyecta en el huevo cuando éste está siendo construido.

Nüsslein-Volhard y sus colaboradores eligieron uno muy prometedor. Cuando un huevo carecía de la proteína codificada por este gen, producía un embrión sin cabeza ni tórax, es decir, un embrión sin estructuras anteriores o delanteras. Este gen se llamaba *bicoid* y la proteína que codificaba es por lo tanto Bicoid.[7]

[7] En realidad existen varios genes que fueron aislados por Nüsslein-Volhard y Wieschaus que carecen de estructuras anteriores al ser mutados. *Bicoid* resultó el más interesante de todos los candidatos después de realizar varios ingeniosos experimentos que no vamos a mencionar.

Los defectos visibles en un embrión carente de la proteína Bicoid (falta de estructuras delanteras) sugerían que esta proteína de alguna manera dirige la formación de estas estructuras. ¿Cómo realiza Bicoid esta tarea? ¿Tiene una acción directa? Una posibilidad es que la proteína Bicoid esté presente en la zona delantera del huevo y promueva allí la formación de estructuras anteriores, mientras que su ausencia en la región posterior es la que permite el desarrollo de estructuras posteriores (véase la Figura 7.2).

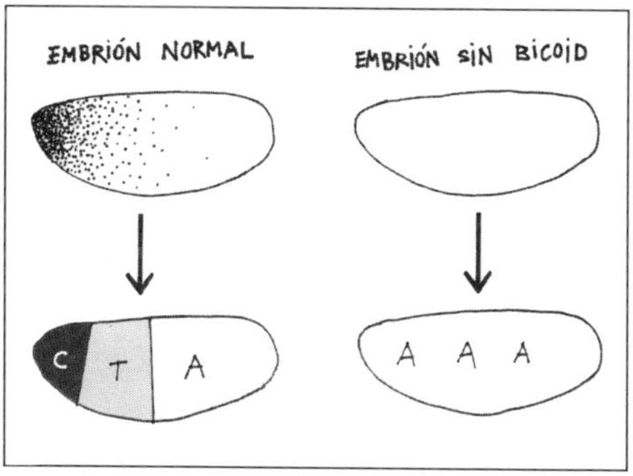

Figura 7.2
Embriones normales de *Drosophila* desarrollan todas las partes del cuerpo. Embriones sin la proteína Bicoid no desarrollan partes delanteras como la cabeza y el tórax. Los dibujos en la parte inferior son representaciones esquemáticas de embriones más avanzados en su desarrollo. C denota "cabeza", T denota "tórax" y A simboliza "abdomen".

Para poner a prueba esta hipótesis, los científicos extrajeron el citoplasma de un huevo normal con una microjeringa y lo inyectaron en la región anterior de un huevo defectuoso. El resultado fue muy alentador: si el citoplasma provenía de la parte delantera del huevo, entonces el huevo defectuoso procedía normalmente con su desarrollo y daba lugar a una larva (casi) normal (Figura 7.3). En la jerga técnica, se dice que el citoplasma anterior lograba "rescatar" los defectos mutantes. En cambio, si con la microjeringa se inyectaba citoplasma extraído de la región posterior del huevo, el "rescate" era infructuoso y el embrión se desarrollaba defectuosamente. Este resultado es consistente con la idea de que una sustancia (presumiblemente Bicoid) en la región anterior del huevo es capaz de dirigir el desarrollo de estructuras anteriores.

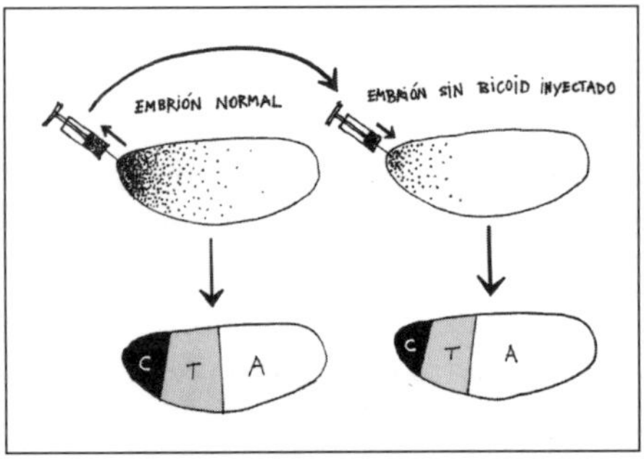

Figura 7.3

"Reparando" un embrión mutante. Con una microjeringa se extrae citoplasma de la región anterior de un embrión normal y se lo inyecta en la parte delantera de un embrión que carece de la proteína Bicoid. Sin la inyección, este embrión no desarrollaría cabeza ni tórax (véase la figura anterior), pero gracias a la inyección estas estructuras sí aparecen (aunque reducidas en tamaño). Aunque no se muestra en la Figura, el citoplasma extraído de la región posterior de un embrión normal carece de este poder "restaurador". Asimismo, el citoplasma extraído de un embrión sin la proteína Bicoid tampoco tiene este poder. Las jeringas del dibujo no están a escala, simplemente son iconos que simbolizan la estrategia usada; las microjeringas verdaderas tienen otra forma y tamaño.

Pero eso no es todo. Si con la microjeringa se inyectaba el citoplasma delantero en la parte media del huevo defectuoso, entonces éste desarrollaba estructuras típicas de la cabeza en la zona media del embrión. Lo más notable de este resultado es que alrededor de las estructuras cefálicas aparecían estructuras típicas del tórax. En otras palabras, las estructuras nuevas, a pesar de que aparecían en el lugar equivocado, se formaban en el orden relativo adecuado. En ningún caso una estructura de la cabeza aparecía al lado de una estructura abdominal: en todos los casos las partes torácicas se interponían entre cabeza y abdomen. Ése es el orden adecuado en un insecto normal. Si volvemos a la analogía nacionalista del capítulo anterior, la inyección del citoplasma delantero podía organizar la bandera francesa adecuadamente (Figura 7.4).

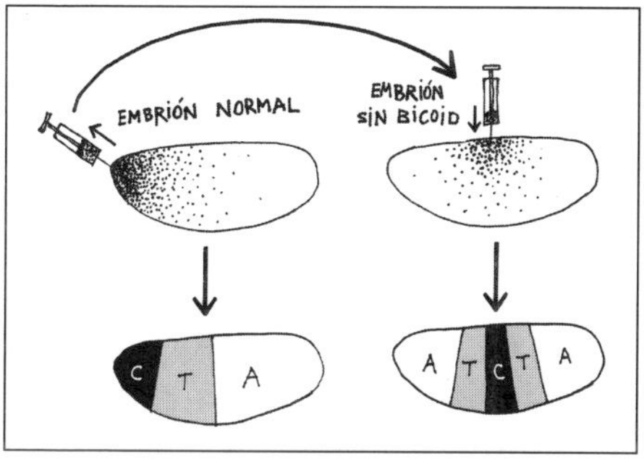

Figura 7.4
Citoplasma extraído de la región anterior de un embrión normal es inyectado en la región media de un embrión sin proteína Bicoid. En el lugar de la inyección se desarrollan estructuras cefálicas (no una cabeza completa); hacia ambos extremos aparecen estructuras características del tórax. Como en la figura anterior, las jeringas son dibujos simbólicos de la estrategia experimental.

Más tarde se logró obtener proteína Bicoid pura en un tubo de ensayo. En vez de introducir citoplasma de la región anterior de huevos normales, los científicos introdujeron Bicoid pura. El resultado fue el mismo. Esto indicaba que Bicoid sola podía generar todo el conjunto de estructuras anteriores en el orden adecuado.

El primer morfógeno

Al tener proteína Bicoid pura fue posible disponer de técnicas que permiten observar en huevos de *Drosophila* dónde se acumula esta proteína. En huevos normales, Bicoid se acumula en la zona anterior. Sin embargo, resulta que la proteína Bicoid está mucho más concentrada en la punta anterior, pero su concentración cae al alejarse de este punto y hacia la parte media ya es indetectable. Esto inmediatamente sugirió a la comunidad científica que Bicoid podía ser un morfógeno. Ningún morfógeno real había sido encontrado en esa época. Pero que una sustancia forme un gradiente no quiere decir que ese gradiente sea importante. ¿Es la acción de Bicoid dependiente de su concentración? ¿Explica ese gradiente las diversas estructuras que aparecen en la región anterior del embrión?

Por medio de manipulaciones genéticas es posible generar moscas que contengan más o menos copias del gen *bicoid* de lo normal. Una mosca normal tiene dos copias de cada gen. Recordemos de nuevo que las moscas hembras fabrican la proteína Bicoid siguiendo las instrucciones en sus genes y luego inyectan esta proteína en los huevos que están haciendo en su interior. Una mosca mamá que tiene tres copias del gen *bicoid* en vez de dos pone huevos que se desarrollan de manera peculiar: sus regiones cefálicas y torácicas son desproporcionadamente grandes, acrecentadas a expensas de la parte posterior o abdominal. Una mosca con sólo una copia de *bicoid* pone huevos que se desarrollan en embriones con cabecitas y tórax diminutos invadidos por una desmesurada parte posterior (Figura 7.5).

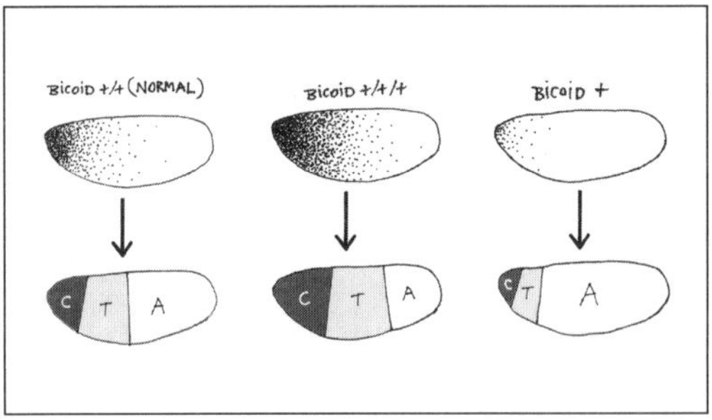

Figura 7.5

Embriones derivados de madres con más copias de *bicoid* (mayor cantidad de proteína Bicoid) desarrollan cabezas y tórax muy grandes a expensas del abdomen. En embriones derivados de madres con sólo una copia del gen *bicoid* (menor cantidad de proteína Bicoid) el abdomen parece agrandado a expensas de la cabeza y del tórax.

Estas observaciones pueden ser interpretadas de la siguiente manera. Las moscas con más copias de *bicoid* inyectan en sus huevos grandes cantidades de la proteína Bicoid. Por ello, la concentración de Bicoid es mayor en todas las regiones del cuerpo. Cada célula se desarrolla de una determinada manera de acuerdo con la concentración de Bicoid a la que está expuesta. Si encuentra a su alrededor altas concentraciones, desarrollará estructuras muy delanteras, si encuentra menores concentraciones, desarrollará estructuras más posteriores. En una situación de sobrecarga de Bicoid, las células que normalmente encontraban concentraciones bajas de Bicoid ahora encuentran concentraciones medias, y por lo tanto se diferencian en estructuras más anteriores de lo que normalmente les corresponde. Una célula normalmente bañada por concentraciones medias de Bicoid, debido a la sobrecarga, cree ahora que está más adelante de lo que en verdad está. Como consecuencia, pocas células quedan libres para "hacer" el abdomen; la gran mayoría de la células se abocan a construir cabeza y tórax, y de ahí lo desmesurado de estas estructuras. Exactamente lo contrario sucede si la mosca mamá posee menos copias del gen *bicoid* de lo normal.

Es decir que estos resultados son consistentes con la idea de que Bicoid es un morfógeno y que su acción depende de la concentración.

Esto también explica los resultados mencionados más arriba, en los que se inyecta proteína Bicoid en otras partes del huevo. Allí donde se inyecta Bicoid su concentración es más alta y aparecen estructuras típicas de la parte anterior de la cabeza de *Drosophila*; al alejarse del lugar de inyección, la concentración va disminuyendo y las estructuras que aparecen son cada vez más "posteriores".

Finalmente fue posible demostrar que Bicoid es una proteína reguladora y que es capaz de encender toda una serie de genes a su mando. Estos genes, como explicamos en el capítulo anterior, responden de manera diferente de acuerdo con la concentración de Bicoid. Si la concentración de Bicoid es alta, se encenderá cierto gen, si es mediana, cierto otro gen, y si es baja, aun otro distinto. Esto forma algo así como la bandera francesa, pero con más de tres colores.

Cascadas: una bandera cada vez más complicada

Bicoid no es el único morfógeno que actúa en el desarrollo de *Drosophila*. De hecho, hay otro morfógeno que obra en el extremo posterior de manera muy similar. Entre los dos, y con la ayuda de algunos otros, en poco tiempo el embrión de la mosca es dividido en varias franjas a lo largo del eje antero-posterior. Muchas de estas franjas tienen solapamientos y superposiciones, de manera que el patrón es bastante más complejo que una simple bandera francesa.

Estas franjas a su vez corresponden a nuevas proteínas reguladoras las cuales encienden otros genes en dibujos cada vez más complejos y sutiles, y las proteínas de estos genes a su vez vuelven a encender otros en una cascada de activaciones que genera dibujos cada vez más finos y detallados. Estos dibujos incluyen, por ejemplo, bandas que se repiten periódicamente, y dejan espacios en blanco y que prefiguran la aparición de los segmentos típicos de los insectos.

Mientras tanto, otros sucesos similares ocurren en el eje dorso-ventral de la mosca. Hay otro morfógeno que tiene altas concentraciones en la parte ventral del huevo de la mosca y que va diluyéndose hacia las regiones más dorsales. Este gradiente de "abajo-a-arriba" produce, por mecanismos muy similares a los de Bicoid, una serie de regiones o territorios distintos en este otro eje.

De esta manera, el embrión muy temprano de la mosca es dividido no como una bandera aburrida como la francesa, sino en patrones más complicados de líneas verticales y horizontales que se entrecruzan como una pollera escocesa de alta complejidad.

Y finalmente la forma

Durante la mayor parte de este proceso, el embrión de mosca sigue siendo una única célula multinucleada. Cuando finalmente se establecen las divisiones entre células, resulta que cada célula atrapa en su interior una porción de citoplasma enteramente distinta de las otras células. Es decir, cada célula estará cargada de sus propias proteínas reguladoras específicas. Qué tipo de proteínas reguladoras cada célula contenga dependerá de la posición de cada célula a lo largo y alto del "huevo". Y dependiendo de qué tipo de proteínas reguladoras se encuentren en su interior, cada célula responderá activando ciertos genes, es decir, produciendo ciertas proteínas. Estas proteínas a su vez harán lo que saben hacer cambiando las propiedades físicas y químicas de la célula, obligándola a dividirse, o migrar, o cambiar de forma, doblarse, estirarse, hacerse rígida o muscular o nerviosa o epidérmica o simplemente morir. En suma, cada célula en el lugar que le es propio responderá como le corresponde para esculpir con precisión la forma final del organismo tal y como está escrito en el lenguaje de sus genes.

Capítulo 8

Renacuajos, fetos y el comienzo de un vertebrado

Retorno a los anfibios

En el primer capítulo acompañamos a Lazzaro Spallanzani cuando descubrió la fertilización artificial de sapos y ranas. Vimos entonces que los huevos de anfibios eran los favoritos por aquellas épocas. Sin duda, son más que aptos para la investigación. Son relativamente grandes (se ven a simple vista), muchas veces coloreados, fáciles de conseguir en cantidad, sencillos de fertilizar artificialmente y, además, se los puede manipular de muchas maneras: pinchar, cortar, injertar. Esto es más difícil de hacer con un huevo de ave por su cáscara protectora o con un óvulo de mamífero, porque son muy pequeños y se desarrollan dentro del útero. Por estas razones muchos investigadores se concentraron en estudiar sapos, ranas y salamandras.

La observación inicial del desarrollo de anfibios no requiere siquiera romper cáscaras, así que el trabajo "a la Aristóteles" es más que simple. Basta con mirar un huevo de sapo o de rana (una de esas cosas que uno hace todos los días, claro) para poder observar las divisiones del huevo fertilizado.

¿Cómo proceden estas divisiones? Varios sucesos importantes llevan a un pequeño racimo de células a convertirse en un embrión en el cual las características del adulto ya pueden ser adivinadas. Inicialmente, el cigoto se divide varias veces para formar un conjunto apretado de células que parecen una mora o frambuesa, y que por ello recibe el nombre de "mórula". Las divisiones prosiguen pero las células no invaden el interior de esta pelota, y el resultado es un conjunto en forma de bola hueca, que recibe el nombre técnico de "blástula".

Los primeros cambios importantes de forma suceden cuando la blástula sufre un drástico rearreglo de sus células. Todo comienza en un rincón de la blástula, donde ciertas células cambian de forma y provocan plegamientos; algunas células migran, caminan unas sobre otras y arrastran a sus vecinas. Como consecuencia de estos movimientos celulares el embrión pasa a tener la forma de una esfera hueca con tres capas concéntricas de células. Este importante reacomodamiento en la posición de las poblaciones celulares recibe el nombre de "gastrulación"; el producto final, la esfera hueca con tres capas concéntricas, recibe el nombre de "gástrula". Las tres capas reciben los nombres de "endodermo", "mesodermo" y "ectodermo", y darán lugar a diferentes tejidos del adulto. Más tarde en este capítulo veremos cómo prosigue el desarrollo después de la etapa de gástrula.

El destino de las células

¿Adónde va a parar cada célula al dividirse? ¿Acaso una parte del huevo dará lugar a la cabeza y otra a la cola? ¿Cómo responder a esta pregunta?

Afortunadamente muchos huevos de animales tienen sustancias coloreadas distribuidas asimétricamente. Los destinos finales de distintas células son relativamente fáciles de seguir cuando los huevos tienen regiones del citoplasma con distintas apariencias. Los huevos de anfibio tienen una parte marrón y otra blancuzca. La parte marrón normalmente mira para arriba, y la blancuzca, hacia abajo. Cuando este óvulo entra en contacto con un espermatozoide (pero antes de que se produzca alguna división celular), esta célula gigante sufre cambios internos en su citoplasma y aparece una tercera región, a un costado, de color gris y con forma de medialuna; ya la mencionamos en el Capítulo 4 y se llama "medialuna gris".

Es decir que cuando comiencen a producirse las primeras divisiones celulares, ciertas células contendrán el citoplasma de la región marrón y otras el citoplasma de la región blancuzca, mientras que unas pocas contendrán el citoplasma de la medialuna gris. Éste es el primer dibujo básico del embrión de vertebrado.

Lamentablemente estos colores no son permanentes y luego de algunas divisiones es difícil decidir cuáles células derivan de cuáles otras. Una manera de resolver este problema consiste en marcar las células con tinturas especiales. Si aplicamos con una pequeña esponjita un poco de tintura azul, ciertas regiones quedarán marcadas por más tiempo y será posible ver qué parte del cuerpo del embrión estará teñida más tarde. Estos simples pero ingeniosos experimentos mostraron que la región blancuzca da origen al aparato digestivo del renacuajo, mientras que la región superior, marrón, da lugar a todas las demás estructuras del organismo: el sistema nervioso, la epidermis, los huesos, músculos, sangre, pulmones y demás órganos. Verdaderamente, el trabajo pesado del desarrollo le toca a la región marrón y por ello fue bautizada como "polo animal". Mientras que la región inferior, blancuzca, recibió el nombre de "polo vegetal".

Ideas y experimentos

Con frecuencia, cada vez que un científico se enfrenta a una pregunta, se le ocurren una o varias posibles respuestas. Los investigadores pronto imaginan esquemas de cómo funcionan las cosas *antes* de hacer los experimentos, y realizan estos experimentos precisamente para buscar apoyo empírico para sus esquemas de pensamiento. Los esquemas de pensamiento más fructíferos son aquellos que sugieren inmediatamente diversos experimentos para corroborar o refutar esas ideas. Un esquema de pensamiento, hipótesis o grupo de ideas que no invita a realizar experimentos es de muy poca utilidad, pues nunca sabremos si la idea es correcta o no.

A fines del siglo XIX, una serie de biólogos alemanes iniciaron toda una línea de investigación en embriones de distintas especies. Un tipo de experimento favorito consistía en separar las células de un embrión temprano (mórula) y ver qué pasaba. Estos investigadores se preguntaban si las células aisladas se desarrollarían para formar sólo la parte del embrión que les correspondía. ¿Por qué se preguntaban semejante cosa? ¿Qué los llevó a hacer ese experimento en particular?

En esa época, recordemos, todavía no se conocía la existencia de los genes, aunque muchos científicos importantes habían advertido que el núcleo celular juega un papel clave en dirigir qué hace cada una de las células. August Weissman fue un importante científico alemán, quien sugirió entonces que los huevos fertilizados contienen la información para construir todo un organismo, pero que a medida que esta célula se divide, cada una de las células hijas recibe sólo una porción de la información genética. A pesar de que más tarde se concluyó que esta idea era falsa, lo cierto es que tiene sentido, y es un interesante y rico esquema de pensamiento. Si cada célula del cuerpo es diferente, es razonable suponer que cada célula contiene distintas subpartes del manual de instrucciones. Y esto supone que a medida que el desarrollo procede, cada división celular divide también porciones del material genético. Así, la primera división celular reparte el manual de instrucciones en dos mitades (por ejemplo, izquierda y derecha). En algún momento, una célula recibirá las instrucciones para hacer músculo y ninguna de las otras la recibirá. La progenie de esta célula formará todos los músculos del cuerpo.

La teoría genética de Weissman predecía toda una serie de resultados y observaciones, es decir, se la podía poner a prueba de manera jugosa. Por ejemplo, supongamos que su idea es cierta. Entonces, si uno toma un embrión de, digamos, cuatro células, y separa cada una de estas células, cada una de ellas -por separado- deberá dar lugar a la región del embrión que le corresponde. El embrión temprano, de pocas células, deberá comportarse como un "mosaico" y cada célula por separado producirá un subconjunto de las estructuras del animal.

Esto es fácil de comprobar: basta con separar las células del embrión experimentalmente. Esto puede hacerse quirúrgicamente o simplemente poniendo el embrioncito en un medio sin calcio; por alguna razón, las células se separan y flotan autónomamente. Es por esto que los científicos alemanes estaban tan entusiasmados con separar las células de un embrión: buscaban corroborar o refutar las ideas de Weissman.

Los resultados de estos experimentos fueron contradictorios: algunos daban apoyo a las ideas de Weissman, pero otros las refutaban.

Experimento 1. Los investigadores tomaron una mórula de molusco (es decir, una pequeña bola de células en sus primeros estadíos de desarrollo) y la separaron en células individuales. Cada célula formó una parte distinta del embrión y se desarrolló como un mosaico de estructuras. Weissman y sus seguidores, muy contentos.

Experimento 2. Los investigadores esperaron a que un huevo fertilizado de sapo se dividiera en dos; inmediatamente separaron las dos células hijas. Resultado: cada una de las células formó un renacuajo entero y normal. Weissman y sus seguidores, deprimidos y desesperados. Ellos hubieran esperado que cada célula diera lugar a medio embrión.

Gemelos y destinos celulares flexibles

La naturaleza ha realizado por nosotros una versión del último experimento: los gemelos idénticos. Cuando un óvulo de mamífero es fertilizado comienza a dividirse. Estas divisiones producen una blástula (también llamada blastocisto), es decir, una esfera hueca de células. A veces estos pequeños embriones se separan espontáneamente en dos grupos individuales de células y cada uno forma un gemelo perfecto y completo, y no dos "mitades". Esto muestra que las células tienen el poder de desarrollarse en cualquier otro tipo celular, es decir, son "totipotentes". Ciertas células del blastocisto permanecen en su estado totipotente por algún tiempo: son las llamadas células embrionarias "madre".

Muchos investigadores piensan que estas células encierran la clave para entender y desarrollar curaciones a varias enfermedades degenerativas. Para poder acceder a estas células y usarlas en un laboratorio hay que destruir el blastocisto, es decir, un embrión humano temprano. Para muchos, esto constituye un homicidio, puesto que el blastocisto se desarrollará en un ser humano completo si se implanta exitosamente en el útero (muchos blastocistos no se implantan bien y se pierden en la siguiente menstruación). Estos últimos años han visto intensos debates sobre la moralidad del uso de estas células totipotenciales, especialmente en los Estados Unidos, donde el debate sobre el aborto cobra enorme intensidad electoral. Los políticos más conservadores temen que el uso de estas células promueva la destrucción de más y más embriones. Los más moderados señalan que al realizar fertilización in vitro se producen enormes cantidades de blastocistos que luego son descartados; ¿cuál es el mal –alegan– de usar estas células que serán descartadas de otro modo, si con ello podemos curar el mal de Alzheimer? Por el momento, el Congreso de los Estados Unidos ha decidido que el Estado norteamericano no otorgará fondos para este tipo de investigaciones, aunque sí pueden llevarse a cabo con fondos privados.

Al margen de esto, la formación de gemelos idénticos y la producción de clones a partir de tejidos de adultos demostró que todas las células contienen copias completas de todo el manual de instrucciones.

Sin embargo, las ideas de Weissman llevaron a la realización de importantes experimentos. Algunos embriones contienen células que mantienen su destino obstinadamente, aun fuera de su contexto. Otros embriones portan células que pueden "regular" su destino de modo flexible. Por ejemplo, cuando un cigoto humano se divide en dos, cada célula formará la mitad de un embrión sólo si esas células permanecen en contacto. Pero si las células son separadas, entonces cada una de ellas formará un embrión completo. De alguna manera, las células saben en qué contexto se encuentran (solas o acompañadas) y regulan su desarrollo en forma acorde. Esto sugiere que existe algún tipo de comunicación entre estas células.

No se trataba, como pensaba Weissman, de que las células perdieran partes de sus manuales de instrucciones. En realidad las células aprenden a regular su manual; mediante comunicaciones entre grupos de células, cada región sabe qué instrucciones activar y cuáles apagar.

El primer diálogo celular

¿Qué sucede si tomamos un embrión temprano (digamos una blástula) y separamos las células derivadas de la región animal de las derivadas de la región vegetal?

Debemos suponer que cada uno de estos conjuntos de células posee sustancias en su citoplasma que las obligan a seguir una determinada senda en el desarrollo. El polo vegetal deberá producir intestino y el polo animal todo lo demás. Pero no es así.

Si las células del polo vegetal se cultivan en soledad, en efecto se diferencian en células del intestino. Hasta aquí nada inesperado. Pero sus amigas del polo animal no se comportan como lo esperaban; en vez de producir todo el resto del animal, estas células se limitan a diferenciarse en epidermis y neuronas. El resto de los tipos celulares brillan por su ausencia (véase la Figura 8.1).

En otras palabras, el polo animal da lugar a muchos y variados tipos celulares en un embrión completo. Pero si estas mismas células del polo animal crecen fuera de un embrión, en aislamiento, entonces sólo producen dos tipos de tejidos.

Una posible explicación de este fenómeno es que las células del polo animal deben estar en contacto físico con las células del polo vegetal para poder formar ciertos tejidos. En otras palabras, que las células del polo vegetal producen una señal que es recibida por las células del polo animal.

Para probar esta hipótesis, los investigadores pusieron células provenientes del polo animal en contacto con células provenientes del polo vegetal. En estas condiciones, las primeras produjeron precisamente los tipos celulares que no generaban cuando crecían en aislamiento. Mientras que en aislamiento producían epidermis y neuronas, al ser cultivadas en contacto con células del polo vegetal producían células musculares y óseas. Este resultado es consistente con la idea de la señal química. Más tarde fue posible demostrar que esta señal existe.

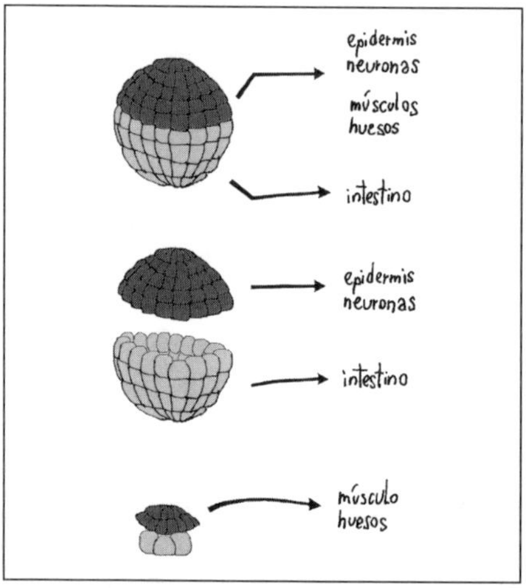

Figura 8.1
Experimento de aislamiento de células
El polo animal normalmente da origen a diversos tejidos. Si las células del polo animal se separan tempranamente de sus vecinas del polo vegetal, sólo se diferencian en tipos epidérmicos y nerviosos. Si algunas células del polo animal son incubadas con células del polo vegetal, en las primeras se diferencian los tipos celulares faltantes. Esto sugiere que el polo vegetal envía una señal al polo animal.

En suma, el embrión de anfibio comienza su existencia con tres regiones en su citoplasma: animal, vegetal y medialuna gris. Las primeras divisiones producen entonces un embrión con tres territorios. Sin embargo, uno de estos territorios induce la aparición de un cuarto territorio mediante una señal química.

El organizador

Hasta el momento hemos visto que las células de un embrión tienen un destino en el desarrollo. Este destino puede estar "fijo", es decir, ser básicamente inmodificable, o puede ser flexible, es decir, ser cambiado por el entorno de la célula. Establecimos también que el destino de la célula queda "fijo" cuando la célula adquiere ciertas proteínas reguladoras en su interior que indican qué genes serán encendidos y cuáles apagados. Si la célula contiene estas proteínas desde su aparición, entonces su destino estará fijado desde el inicio. Si, en cambio, las proteínas reguladoras aparecen como consecuencia de la comunicación celular, entonces este destino dependerá de las interacciones comunicativas de la célula con sus vecinas, es decir, el contexto de la célula influirá sobre su futuro.

Vimos que los primeros territorios de los vertebrados aparecen por una combinación de ambos mecanismos. Las células del polo vegetal están fijas en su destino, y parte de las células del polo animal también lo están (esas que dan lugar a epidermis y neuronas). Pero las células que dan lugar a los músculos y huesos surgen por comunicación intercelular. ¿Cómo continúa la cosa? ¿Están los destinos fijos en etapas más tardías del desarrollo o dependen de nuevos eventos de comunicación entre células?

Este misterio fue resuelto por Hans Spemman y su discípula Hilde Mangold. Spemman y Mangold se preguntaban si cada región del embrión fija su destino tempranamente o es flexible de cambiarlo a medida que progresa el desarrollo. Pero en vez de proceder a desagregar embriones y ver qué pasaba con los conjuntos separados de células, estos dos científicos probaron una estrategia distinta.

Se preguntaron: ¿qué pasaría si sacáramos las células que dan lugar a las patas y las pusiéramos en la región que dará lugar a la cabeza en otro embrión distinto? ¿Desarrollarán estas células patas o cabeza? Si existen dentro de las células sustancias que han sellado ya lo que las células deberán ser, entonces esta célula seguirá su camino independientemente de dónde esté (las células formarán una pata). Pero si cada célula está en comunicación con las demás, leyendo su entorno para saber qué hacer, entonces una célula en un nuevo contexto hará lo que el contexto le indique (las células formarán parte de la cabeza).

Lo que hicieron entonces fue transplantar pedacitos pequeños de un embrión a otro y ver qué sucedía. Tomaron embriones en el estadio de bola de células justo antes de la gastrulación. Un embrión servía de dador, y de él cortaban un trocito, digamos de la región que dará lugar a las patas. Cuidadosamente lo injertaban en un embrión receptor, pero en alguna otra región, por ejemplo, la que daría lugar a la cabeza. Los embriones dadores y los receptores eran de colores distintos, así que era posible ver si las células del injerto sobrevivían y qué hacían en su nuevo "vecindario" (véase la Figura 8.2).

En la mayor parte de los casos los embriones que recibieron injertos se desarrollaron normalmente, con todas las partes en el lugar adecuado. Esto indicaba que las células no estaban programadas de manera fija para terminar siendo pata, cabeza, músculo o piel. Las células injertadas podían "leer" su nuevo entorno y responder adecuadamente. Esto solo ya nos está indicando que debe de existir algún tipo de comunicación entre las células del injerto y sus vecinas.

Pero el resultado más espectacular fue el siguiente. Encontraron que existe un pequeño grupito de células que no responde a las vecinas al ser transplantado. No sólo este grupo de células no escucha lo que el entorno le dictamina, sino que empieza a dar órdenes propias, ¡dictaminándole a su entorno que haga lo que ellas quieren!

Este conjunto está muy cercano al punto donde se inicia la gastrulación. Cuando Mangold y Spemann injertaron este grupo de células en un embrión receptor, observaron que... ¡el embrión comenzaba a realizar dos gastrulaciones! Una de ellas sucedía en el lugar esperado y normal del embrión, la segunda gastrulación tenía lugar en el sitio del injerto. Las células injertadas desoían las señales de sus vecinas y realizaban lo que hubieran hecho en su territorio de origen: gastrular. Pero eso no es todo. La segunda gastrulación prosiguió más y más; muy pronto no eran sólo las células injertadas las que realizaban la segunda gastrulación, sino que también participaban células del embrión receptor. Esto indicaba que no sólo el injerto actuaba por su cuenta, sino que era capaz de reclutar células del receptor a su alrededor y reprogramar esas células para colaborar en la nueva gastrulación. Sin duda el injerto emitía señales que podían provocar cambios en sus vecinas y modificar su destino en el desarrollo.

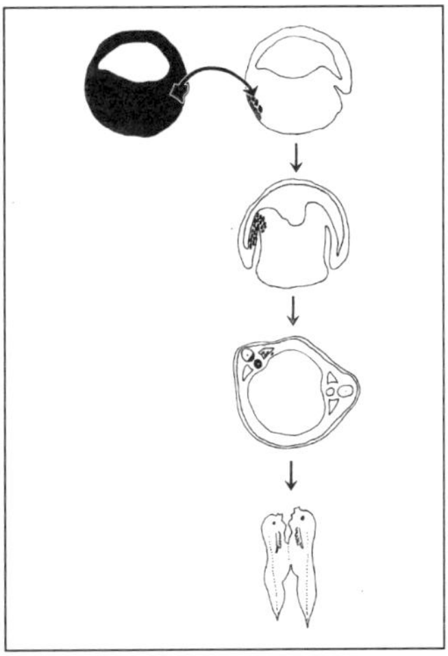

Figura 8.2
Experimento de transplante de Mangold y Spemman. El embrión dador es más oscuro que el embrión receptor para poder seguir el destino de las células injertadas. Las células cerca de donde comenzará la gastrulación se remueven del embrión dador y se injertan en cualquier región del embrión receptor. En el sitio del injerto se produce una segunda gastrulación y se forma un segundo juego de estructuras embrionarias compuestas de células injertadas y también de células del embrión receptor.

Cuando ambas gastrulaciones llegaron a término, el desarrollo prosiguió normalmente en los dos sitios. Dos conjuntos de órganos se formaron y *el resultado final fueron dos renacuajos siameses unidos por el intestino.*

Este resultado es de enorme importancia. Muestra que existe, temprano en el desarrollo, un pequeño conjunto de células que es capaz de provocar el desarrollo armonioso de un organismo completo. Es un enorme poder para tan minúscula parte del embrión. Mangold y Spemann llamaron a esta región "el Organizador" del desarrollo y actualmente se la conoce como el Organizador de Spemann-Mangold. Hilde Mangold murió en un accidente poco después de terminar ese trabajo; Hans Spemann recibió el Premio Nobel en 1935.

Plan básico del vertebrado

¿Cómo funciona el Organizador? ¿Qué hacen estas células? Toda otra serie de experimentos han revelado que el Organizador es una fuente de importantes mensajes químicos. Estos mensajes son recibidos e interpretados de manera diferente por distintos territorios de células. Por ejemplo, existe un grupo de células que al recibir señales del Organizador siguen una ruta del desarrollo que las convierte en tejido nervioso. Si esas mismas células no reciben la señal (porque están demasiado lejos del Organizador) se diferencian en células epidérmicas. Vemos que epidermis y neuronas tienen un origen común, pero toman rutas diferentes como respuesta a las emanaciones del Organizador.

De manera parecida, otros territorios de células responden de otras maneras a las señales del Organizador, y producen más y más territorios. Por ejemplo, las vértebras y otros huesos aparecen como respuesta a esas señales (adviértase que el tejido nervioso de la médula espinal y las vértebras que lo recubren aparecen uno cerca de las otras precisamente por respuesta a estas señales).

Inducciones sucesivas

¿Cómo saben las células del Organizador que deben ser lo que son? ¿Cómo aparecen y qué las diferencia de las demás?

Dijimos que al principio del desarrollo el cigoto de anfibio tiene tres territorios fundamentales: el polo animal, el polo vegetal y la medialuna gris. También vimos que si un embrión carece de la medialuna gris no puede realizar gastrulación y se detiene su desarrollo.

Las células que reciben el citoplasma contenido en la medialuna gris tienen su propia identidad determinada por proteínas reguladoras en esa región del citoplasma. Como parte de esta identidad, estas células emiten una señal a sus vecinas en el polo animal. Sólo un grupo pequeño de células reciben esta señal y en respuesta encienden cierto grupo de genes que promueven la fabricación de ciertas proteínas reguladoras específicas. Estas proteínas reguladoras confieren a estas células la identidad de Organizador.

En suma, el territorio de la medialuna gris induce la aparición del Organizador mediante un mensaje químico. El Organizador a su vez emite señales químicas que inducen la aparición de territorios nerviosos, óseos y hasta musculares en el lugar que les corresponde.

En el caso de los vertebrados, esta estrategia no se limita a los pasos que describimos, sino que continúa a lo largo del desarrollo.

Cascadas celulares y genéticas

En los últimos dos capítulos hemos visto cómo el proceso de desarrollo se produce por medio de cascadas de eventos.

En el nivel celular, estos eventos comprenden la creación de más y nuevos territorios de células diferentes. Esto puede ocurrir por divisiones de zonas o regiones dentro de las células antes de dividirse o a través de la comunicación celular una vez que las células se dividieron. A medida que el desarrollo progresa los territorios celulares aumentan en el número y en la complejidad de sus patrones.

No sería correcto pensar que el embrión primero establece todos sus territorios y luego las células comienzan a diferenciarse. Muchas de estas células comienzan a especializarse y a ejecutar importantes acciones antes de que todos los territorios estén definidos. Por ejemplo, durante la gastrulación las células deben cambiar de forma y migrar unas sobre otras, pero el embrión aún tiene pocos territorios.

En el nivel genético, las cascadas de eventos consisten en la activación y desactivación de grupos particulares de genes. Normalmente los embriones empiezan sus vidas con ciertas proteínas reguladoras en su interior, y a medida que el desarrollo progresa, más y más genes son encendidos, cada uno en el territorio que le corresponde.

Las reglas son relativamente simples, pero los resultados complejos. Con reglas de construcción muy parecidas se ensamblan estructuras tan diferentes como la aleta de una ballena y la lengua de una serpiente, las manos que sostienen este libro y el cerebro capaz de leerlo.

Capítulo 9
Horizontes

Por supuesto quedan muchas cuestiones por resolver. Sabemos que todo individuo comienza su existencia cuando el óvulo y el espermatozoide se unen. Pero todo óvulo y todo espermatozoide son producidos a su vez por otros individuos. ¿De dónde salió el primer individuo? Esta pregunta es una vieja amiga.

La ciencia nos dice hoy que existe una continuidad de la vida, que todos los seres vivos provienen de otros seres vivos. Pero cada generación es distinta de la anterior, y los cambios se acumulan. De manera compleja, no dilucidada en su totalidad, cada uno de los individuos que viven hoy en la Tierra deriva de uno o unos pocos ancestros comunes. Todos los simios, incluidos los seres humanos, derivan de un ancestro común. Todos los mamíferos descienden de alguna especie extinta parecida a una rata. Todos los vertebrados tienen un linaje compartido que se remonta a un pez que nadaba en aguas prehistóricas. Compartimos ancestros con canguros, velocirraptores, ombúes y arrecifes de coral. Los manuales de instrucciones para hacer una gallina, un escarabajo y a mi tía Eda son todos versiones aumentadas, revisadas y modificadas de antiguos manuales de instrucciones. Gracias a los experimentos de numerosos investigadores tenemos certeza de que muchos genes están compartidos entre distintos organismos y varios de estos genes "comunes" han sido caracterizados (véase en la bibliografía los trabajos de McGinnis y el argentino De Robertis). ¿Qué instrucciones hay que cambiar exactamente para que una garra de dinosaurio se desarrolle como el ala de un ave? ¿Qué regiones regulatorias hay que agregar, cuáles sacar? ¿En qué forma hay que cambiar la manera en que estos genes se encienden o se apagan? ¿Cómo hay que modificar el dibujo que generan en el embrión en desarrollo? ¿Cómo se lo modifica en el espacio y cómo en el tiempo?

Estas preguntas no tienen respuesta por el momento, pero a medida que entendamos con mayor detalle los genomas de diversos organismos, podremos encontrar modos de develarlas.

Otras muchas preguntas son de enorme importancia médica. Los embriones humanos tienen la información y la capacidad de desarrollar brazos y piernas cuando comienza su desarrollo. Más tarde pierden la capacidad de hacerlo (pero no la información). Si una persona pierde un brazo o una pierna o recibe un daño importante en su sistema nervioso, el cuerpo no es capaz de fabricar estructuras nuevas, a pesar de que contamos con los genes para hacerlo. Muchos otros animales como las salamandras, las lombrices y las estrellas de mar tienen una fuerte capacidad de regeneración. ¿Qué nos impide regenerar miembros? ¿Cómo se enlazan las instrucciones genéticas para bloquear esta posibilidad? ¿Es posible reescribir esta parte del manual de desarrollo, o controlarla mediante drogas, para facilitar la recuperación de heridas o amputaciones? Sabemos ahora que ciertas proteínas actúan como señales que estimulan la división celular o la diferenciación en ciertos tejidos. Podemos estimular artificialmente la división celular en células en cultivo. También conocemos proteínas que pueden ayudarnos a ordenar estructuras en el espacio. Podemos provocar que células en cultivo se vuelvan músculo a nuestra voluntad. Pero aún no conocemos el manual con suficiente detalle como para manipularlo y obligarlo a regenerar.

Una de las promesas de las tecnologías de clonación es que podremos construir copias de nuestros propios órganos en caso de que éstos fallen. Para ello es necesario que un grupo de células extraído de nuestro cuerpo forme un órgano aislado, sin el entorno que le corresponde. ¿Es eso posible? Para lograrlo, habría que entender con sumo detalle el manual de instrucciones humano, de modo de pasar por alto toda una serie de sucesos de desarrollo, y proveer las proteínas reguladoras y las señales necesarias para formar el órgano en el momento y la disposición adecuados. Existen grandes esfuerzos puestos en estudiar la organogénesis, es decir, la formación de órganos en animales en desarrollo.

Sabemos que las células cancerosas son incapaces de responder al crecimiento armonioso del resto del cuerpo. Muchas de estas células no escuchan las señales de sus vecinas que las obligan a no dividirse y en consecuencia proliferan sin control. También hacen cosas propias de células más jóvenes, como desprenderse de sus vecinas y migrar a nuevas localidades en el cuerpo donde fundan nuevas poblaciones fuera de control. El programa de desarrollo está maltrecho en las células cancerosas. Cuando entendamos el manual de instrucciones (y cómo éste lee las pautas del entorno) y cómo se ejecutan estas instrucciones, sabremos mejor qué problemas aparecen en las células cancerosas para que funcionen mal. ¿Podremos corregir el defecto entonces?

Vimos que ha sido posible cambiar el manual de instrucciones de las moscas para hacerles crecer ojos en lugares insólitos como patas o alas. Ésta fue una reestructuración deliberada y dramática del genoma moscuno. ¿Podremos en un futuro construir un animal a nuestro antojo? ¿Podremos exportar subrutinas y páginas enteras de un manual de instrucciones a otro? ¿Una vaca con alas? ¿Perros con seis patas? ¿Pulpos con ojos en las ventosas?

En parte, estos cambios ya han empezado a ocurrir. Es totalmente posible "construir" plantas y animales que tienen genes individuales provenientes de otros organismos. Por ejemplo, plantas que producen la sustancia luminosa presente en las luciérnagas o en seres marinos luminiscentes, o plantas que producen antibióticos o anticuerpos o venenos para los insectos. La Argentina produce enormes cantidades de soja "transgénica"; estas plantas son resistentes a herbicidas de uso cotidiano en el campo argentino. El uso de estas plantas permite rociar con herbicida un cultivo sin miedo a que el cultivo perezca. Muchas bacterias y hongos han sido genéticamente alterados por científicos para producir sustancias útiles, especialmente medicamentos.

Pero hasta el momento no ha sido posible incorporar subrutinas enteras del desarrollo que permitan cambiar toda una ruta y desemboquen en organismos morfológicamente novedosos (como lagartos con pinzas) o imposibles (¿un caballo azul con un cuerno?).

Todas éstas son, sin embargo, preguntas fascinantes que sin duda cautivan los sueños de batallones de científicos ambiciosos. En no mucho tiempo muchos de estos enigmas serán resueltos. Es sólo cuestión de hacerse las preguntas, y después animarse a abrir los huevos para buscar las respuestas.

Bibliografía

Alberts, Bruce; Bray, Dennis; Lewis, Julian; Raff, Martin; Roberts, Keith, y Watson, James D., *Biología molecular de la célula,* 3ra ed., Madrid, Omega.

Incluye discusiones a la vez detalladas y altamente conceptuales de todos los temas discutidos en este libro y brinda además una generosa lista de referencias a literatura científica especializada. Para ahondar en temas de morfógenos, comunicación celular y aspectos de la organización interna de la célula, éste es sin duda el texto ideal.

Asimov, Isaac, *Breve historia de la biología,* Madrid, Alianza.

Moore, John A., *Science as a way of knowing. The Foundations of Modern Biology,* Massachusetts, Harvard University Press, 1993.

Dos textos para estudiar la historia temprana de la biología.

Curtis, Helena; Barnes, Sue N.; Schnek, Adriana, y Flores, Graciela, *Biología,* 6ta ed. en castellano, Buenos Aires, Editorial Médica Panamericana, 2000.

Un texto básico que contiene secciones sobre la genética del desarrollo.

Gilbert, Scott F., *Biología del desarrollo,* Madrid, Omega, 1997.

El texto de Gilbert es un clásico del tema de desarrollo.

Lawrence, Peter, *The making of a fly. The genetics of animal design,* Londres, Blackwell Scientific, 1992.
Todo sobre el desarrollo de la mosca.

Artículos de *Investigación y Ciencia* (versión en español de la revista *Scientific American*).

Los artículos de esta revista son escritos por científicos de nota, generalmente aquellos que han hecho aportes significativos al tema que tratan, pero escritos de modo que puedan ser entendidos por el público en general. C. Nüsslein-Volhard recibió el premio Nobel de Medicina y Fisiología en 1995 por la famosa mutegénesis de *Drosophila*. I. Wilmut es el director del grupo de investigación escocés que clonó a la oveja Dolly. E. De Robertis es un importante biólogo argentino que trabaja en los Estados Unidos, F. Collins es el director del proyecto Genoma Humano.

Collins, Francis S. y Jegalian, Karin G., "El código de la vida, descifrado", *Investigación y Ciencia*: 280, enero de 2000.

De Robertis, E. M. y Gurdon, J. B., "Transplante de genes y análisis del desarrollo", *Investigación y Ciencia*: 41, febrero de 1980.

De Robertis, E. M.; Oliver, Guillermo, y Wright, C. V. E., "Genes con homeobox y el plan corporal de los vertebrados", *Investigación y Ciencia*: 168, septiembre de 1990.

Ezzell, Carol, "Más allá del genoma humano", *Investigación y Ciencia*: 288, septiembre de 2000.

García-Bellido, A.; Lawrence, Peter A., y Morata, Ginés, "Compartimentos en el desarrollo de los animales", *Investigación y Ciencia*: 36, septiembre de 1979.

Gehring, Walter J., "Base molecular del desarrollo", *Investigación y Ciencia*: 111, diciembre de 1985.

Golde, David W., "La célula madre", *Investigación y Ciencia*: 185, febrero de 1992.

Lazarides, Elias y Revel, Jean Paul, "La base molecular del movimiento celular", *Investigación y Ciencia*: 34, julio de 1979.

McGinnis, William y Kuziora, Michael, "Arquitectos moleculares del diseño corporal", *Investigación y Ciencia*: 211, abril de 1994.

Nüsslein-Volhard, C., "Gradientes organizadores del desarrollo del embrión", *Investigación y Ciencia*: 241, octubre de 1996.

Ptashne, Mark, "Activadores génicos", *Investigación y Ciencia*: 150, marzo de 1989.

Scott, John D. y Pawson, Tony, "Comunicación intracelular", *Investigación y Ciencia*: 287, agosto de 2000.

Smith, Bradley R., "Representación visual de embriones humanos", *Investigación y Ciencia*: 272, mayo de 1999.

Wassarman, Paul M., "La fecundación en los mamíferos", *Investigación y Ciencia*: 149, febrero de 1989.

Wilmut, Ian, "Clonación con fines médicos", *Investigación y Ciencia*: 269, febrero de 1999.

Páginas web

Gilbert, S. F., 1997, http://www.devbio.com/about.php

WWW Developmental Biology Links,
http://www.uoguelph.ca/zoology/devobio/wwwlinks.htm

Bill Wasserman's Developmental Biology Page,
http://www.luc.edu/depts/biology/dev.htm

http://www.uoguelph.ca/zoology/devobio/dbindex.htm